シリーズ
沖縄の地域自治組織 1 〈北中部編〉

米軍基地と沖縄地域社会

難波孝志
Takashi NAMBA
編

ナカニシヤ出版

目　　次

*

米軍基地と沖縄地域社会

序章
「寄留民」ショックと沖縄の「シマ」

難波孝志

1 「寄留民」ショック

　2013年，初めて沖縄本島に入り，宜野座村で聞き取りを行っている時のことであった。役場の職員さんから，「寄留民」ということばが飛び出した。どうやら，地元にずっと住んでいる人ではなくて，移住してきた人のことを指すようである。実は，1914（大正3）年制定の寄留法という法律があって，「90日以上本籍外に於いて一定の場所に住所または居所を有する者はこれを寄留者とす」と，定められている。さらに，「寄留に関する事項は届出に因り又は職権を以て之を寄留簿に記載することを要す」と定められ，「寄留に関する届出を怠りたる者は5円以下の科料に処す」と罰則も規定されていた。戦後は，住民登録法の制定に伴い寄留法は廃止され，現在では住民基本台帳法がそれにあたる。私たちの日常生活から寄留民ということばはすっかり消えてしまったが，沖縄では普通に使われることばとして，残ってきたのはなぜだろう。沖縄本島北中部の地域調査を進めるうちに，寄留民以外の，例えば「区」「字」「部落」などの，本土において今では滅多に使われなくなった昔の地区そのものの呼び名を，現在もなお普通に使用していることに気づくことになる。

　寄留民が本籍から離れたものであるならば，その対極にあるのが，沖縄では「シマ」ということになろうか。宜野座村の調査においては，寄留民とい

うことばは，「屋取（ヤードゥイ）」集落についての説明の中で出てきた。屋取集落とは，古くは250年以上前から主に廃藩置県後，当時の沖縄の政治・経済・文化の中心地域であった首里・那覇から，本島北中部の農村地域へ，旧首里士族による帰農土着現象の所産として成立形成された開拓村落の性格を持つ集落であって，近世以前に成立起源を持つ沖縄の古村落（＝字）とは，二大別される（田里 1983: 12）。屋取とは，シマを持たない旧士族およびその子孫を指すのである。戦後，産業化・都市化に伴って人々の自由な移動が可能になるが，現在沖縄では，屋取も戦後の移動によって移住してきた住民も，（南部では一部で例外もあるようだが，）古村落に起源を持ってそこに住み続けているもの以外は，寄留民と呼ばれているようである。

　「シマ」ということばは，共同体あるいは島嶼という意味で使われることが多い（沖縄大学地域研究所 2013: 220）。それでは，沖縄の「シマ」≒「ムラ」，と言ってもよいのだろうか。最近，『自然村再考』をまとめた高橋は，「沖縄の村は，しま，村，字，部落，区などとよばれている」としたうえで，これを「しま」と呼ぶと定義している。「シマ」と「ムラ」をほぼ同義だと理解してもよいのだろう。ただ，沖縄のシマでは，シマの夫役出役の清算，字費などの会費徴収などの賦課制度に大きな違いがあるという。世帯を単位として賦課される本土の町内会・自治会と違って，沖縄では人口割賦課である点で決定的に異なる。つまり家単位か個人単位かの違いがあるのだという（高橋 2020: 355 - 357）。とはいえ，沖縄では，明治期以前に行政単位であったシマ（のちの字）空間，および当時の構成員とその子孫が，現代でも沖縄の地域社会で機能し続け，多大な影響を及ぼしている点で，きわめて重要であると言える。それは，シマを後にしたものが組織する郷友会の存在も，基地として出身地のシマが接収された後もシマを基盤として「現住地とは関係なく世界中に広がる地縁のネットワークによって形成された」アソシエーション型の郷友会（難波 2017: 387）を組織すること等々も，すべてシマの単位であることに端的に表れる。すなわち，シマが，沖縄の共同性の源泉と言ってもよいのだろう。沖縄においては，出身地のシマを重要視するのではあるが，少し意地悪に言うと，シマをうまく活用しながら，きわめて現代的に相互の利害関係を加味しながら続く，地縁による結合を基本とした社会関係を形成し

てきたのだと言える。

本書は，このような沖縄のシマの継承と，米軍基地の存在とその影響，そして都市化がミックスされた地域社会の変動について，沖縄地域社会の住民組織の現実を通して描き出すことを目的とした論文集である。

2　明治以降の6つの地域再編と沖縄のシマ

明治以降の日本的リスケーリングとして，明治，昭和，平成の大合併の3つが挙げられることがあるが，沖縄では大きく6つの地域変動，地域の境界再定義を経験している。すなわち，①明治の琉球処分後の島嶼町村制施行，②屋取集落の形成と本村からの独立，③戦災による焼失と戦後復興，基地接収，④戦後の制度変更による地域再編，⑤本土復帰前後の昭和の大合併，⑥平成の大合併の6つの時期である。

地域の境界再定義が発生するたびに，地域固有の名称はもちろん変わっていったが，また同時に地区それ自体を指す呼び名も変更された。狭小な沖縄本島内でも，「区」「字」「部落」「自治会」などの名称の付け方に微妙なゆらぎが生じている。この微妙なゆらぎこそが，大変重要なのであって，本書の中でもそのゆらぎは章ごとに見られる。つまり，沖縄の中でも地域ごとに呼び名が異なっているのである。基本的には，各章において扱う対象をそれぞれに定義することにしているので，各章の説明に沿って読んでいただきたいのであるが，ここで，これらの呼び名について，沖縄で6つのリスケールの起こった時期に沿って，簡単に整理を行っておこう。

まず第1は，明治の琉球処分後の島嶼町村制施行の時期である。明治の大合併の時期と言ってもよい。1908年，島嶼町村制が実施され，琉球王府以来の地方行政単位であったかつての間切・島および村がそれぞれ町村および字に改められた。同時に沖縄県区制が改正施行（1896年の区制を改正）され，間切・島役場は町村役場に，間切・島長および村頭はそれぞれ町村長および区長と改められた（琉球政府 1989b = 1970: 378‑380）。これによって，かつての間切が，行政上の最小単位（行政村）となった。村（＝字）を住民の結合単位として成立していた旧来の地方行政からの大きな変化であった。前近代

に成立し，王府－間切－村という支配関係の中で最小の行政単位であった村は，廃藩置県後もなお，町村制施行までは，村を単位にして徴税を行う「旧慣」税制下で，重要な位置を占めていた。だが，これを機に，法制上の地位を失うか，きわめて弱いものになったのである（琉球政府 1989b = 1970: 402‐403）。いわば，村の代表者として区会の推薦によって選任されていた区長は，これを機に，名誉職になったわけである。**表序-1** は，1915 年当時の町村別の字一覧（本書で扱う中頭郡，国頭郡のみ）である。ここからは，この表に示された字を「旧字」と呼ぶことにしよう。

第 2 は，前述の屋取集落の形成と本村（旧字）からの独立の時期である。屋取集落は，この表に記載されてはいるが，その数はきわめて少ない。屋取集落が形成されるのは，約 250 年以上前からこの時期までと言われるが，在来の旧字の中に位置づけられていた屋取集落は，この時期から戦前までの間に，独立発展をみる。その数は 85 にのぼるという（田里 1983: 52‐59）。

第 3 は，戦災による焼失と戦後復興，基地接収の時期である。1945 年 4 月，アメリカ軍は，沖縄本島中西部に上陸を開始する。特に戦闘の激しかった地域では，多くの人命とともに，家屋を失い，街並みを失い，すべてのものを失った。逃げ場を失った難民は，有刺鉄線を張り巡らした難民収容所に収容される（琉球政府 1989a = 1976: 875‐906）。さらに拍車をかけたのが，アメリカ軍による基地（軍用地）接収である。地域の境界再定義という点だけに絞れば，戦乱による焼失によって地籍を失った土地の存在，基地接収によるシマの集落丸ごとの喪失などが挙げられる。前述のアソシエーション型郷友会や軍用地収入の財産管理団体などが結成されるのは，この時期である。

第 4 は，戦後の制度変更による地域再編の時期である。1940 年の沖縄を含めた全国的な部落会・町内会の整備によって，区長は部落会長・町内会長と呼ばれることが多くなった。戦後の 1947 年，占領軍の政令第 15 号によって，町内会・部落会の廃止が命じられる（マッカーサー禁令）が，沖縄は，その除外地域となったのである。沖縄は，この法律の廃止当時，米軍統治下にあったからだ。沖縄では，旧字の長としての区長は，この間もそのまま存続したのではないかと考えられる。また，町内会・部落会の廃止は，国家神道との分離という側面を持っていたとも言われるが，沖縄では，町内会・部落会

表序-1　沖縄本島 中頭郡，国頭郡の町村字一覧（1915 年 1 月末日現在）

郡名	町村名	字名
中頭郡	西原村	末吉，呉屋，与那城，我謝，翁長，嘉手苅，安室，石嶺，内間，小橋川，津花波，桃原，小那覇，幸地，小波津，平良，棚原，掛保久
	浦添村	小湾，勢理客，仲西，牧港，宮城，安波茶，沢岻，屋富祖，伊祖，西原，内間，仲間，前田，城間
	宜野湾村	伊佐，大山，宇地泊，真志喜，野嵩，大謝名，神山，普天間，新城，安仁屋，我如古，嘉数，宜野湾，喜友名
	中城村	奥間，当間，津覇，仲順，安谷屋，伊舎堂，島袋，大城，瑞慶覧，久場，安里，泊，新垣，伊集，比嘉，荻道，和仁屋，熱田，屋宜，添石，喜舎場，渡口，和宇慶
	北谷村	屋良，野里，玉代勢，砂辺，伝道，平安山，浜川，伊礼，嘉手納，野国，北谷，桑江
	読谷山村	大湾，儀間，比謝，上地，古堅，渡久知，伊良皆，波平，宇座，渡慶次，高志保，瀬名波，喜名，長浜，楚辺，座喜味
	越来村	胡屋，照屋，仲宗根，安慶田，上地，宇久田，大工廻，山内，諸見里，越来
	美里村	山城，楚南，西原，泡瀬，与儀，大里，松本，登川，宮里，池原，桃原，古謝，知花，高原，嘉手苅，伊波，東恩納，石川，比屋根
	具志川村	喜屋武，大田，栄野比，江洲，田場，具志川，宇堅，宮里，仲嶺，安慶名，川崎，上江洲，高江洲，兼ケ段，天願
	与那城村	饒辺，上原，屋慶名，伊計，与那城，西原，勢理客，宮城，平安座
	勝連村	内間，浜，平安名，平敷屋，比嘉，南風原，津堅
国頭郡	名護村	山入端，安和，数久田，喜瀬，許田，宮里，宇茂佐，世富慶，幸喜，屋部，名護
	恩納村	山田，仲泊，真栄田，前兼久，谷茶，瀬良垣，名嘉真，富着，安富祖，恩納
	金武村	屋嘉，漢那，伊芸，古知屋，宜野座，惣慶，金武
	久志村	川田，天仁屋，有銘，瀬嵩，辺野古，久志，汀間，慶佐次，宮城，安部，平良，嘉陽，大浦
	国頭村	辺野喜，佐手，宇嘉，伊地，宇良，浜，謝敷，奥間，辺土名，比地，安波，安田，与那，奥，辺戸，楚洲
	大宜味村	津波，謝名城，田港，渡野喜屋，喜如嘉，根路銘，大宜味，田嘉里，塩屋，饒波
	羽地村	川上，振慶名，呉我，我部祖河，稲嶺，仲尾，屋我，済井出，我部，親川，古我知，真喜屋，饒平名，仲尾次，伊差川，田井等，源河
	今帰仁村	仲宗根，勢理客，玉城，今泊，謝名，湧川，与那嶺，諸志，運天，仲尾次，古宇利，崎山，平敷，兼次，天底，上運天
	本部村	謝花，具志堅，渡久地，浜元，健堅，浦崎，備瀬，伊豆味，並里，瀬底，崎本部，伊野波，辺名地
	伊江村	東江上，東江前，西江前，西江上，川平

（出所）琉球政府，1970 = 1989 復刻，『沖縄県史 2　政治』国書刊行会，385 - 389。

が，拝所や御嶽など宗教的な諸施設，それらを利用する諸行事から分離されることはなかったとも言われる。1948年，沖縄では「市町村制」によって市町村長の任免の下に再び正式に区長が置かれる。1952年，「市町村自治法」に従い区民の推薦によって民主的に区長が選出されるようになるが，1962年の法改正によって，区長制はわずか15年で法的根拠を失ってしまう。しかし，沖縄県内の多くの地域で，住民組織の長として実態はそのまま残り，「区長」という名称で存続してきたのである（瀧本・青木 2015: 71 - 72）。明治期に起こった区長の名誉職化が再び起こったわけである。区長は，フォーマルな組織だった区の長から，インフォーマルな組織になってしまった区の長へと再び変貌を遂げるわけである。

　第5は，本土復帰前後の昭和の大合併の時期である。この時期に沖縄本島では，那覇市，名護市，沖縄市などが市町村の合併によって誕生した。県庁所在地である那覇市は，1954年に首里市と小禄村の合併によって誕生している。名護市は1970年に名護町，屋部村，羽地村，屋我地村，久志村が合併して誕生した。また，沖縄市は，1956年，越来村がコザ市へと名称が変更され，さらに1974年，コザ市が美里村と対等合併して誕生した。こうして，旧字から始まった最小の行政単位も，間切・島を経て町村へ，そしてさらに広域の市へと広がっていく。

　第6は，平成の大合併の時期である。沖縄本島では，うるま市，南城市，八重瀬町などが，合併によって誕生する。本書では，これらの市町村は対象外となっているが，合併による市町村の変動について，調査は継続中である。

　以上，沖縄本島では，6つの地域再編を経験するが，**表序-1**で示したような旧字は，そのまま行政区として機能しているもの，旧字単位での属人的自治会を形成するもの，旧字単位のアソシエーション型の郷友会を形成するものもあって，シマは形を変えながら維持され続けている。このことは，現代においてなお，シマが意味を持ち続け，沖縄の人々の意識や行動の源泉となっていることを示していると言ってもよいだろう。

3　沖縄のシマの継承とその利活用

　ここで沖縄のシマと沖縄の米軍基地，そして都市化との関係についてまとめよう。沖縄本島北中部においても，本土と同じように都市化の進展から逃れられるわけではない。にもかかわらず，なぜ地縁によるシマが存続できるのだろう。ここに，本書を読まれる方へ，編者なりの5点のポイントを示しておこう。

　第1に，この地縁的結合関係をもって，そこにシマの「共同性」を見出すことができるということである。シマの結合を守るための属人的自治会の形成（第3章），故郷であるシマを離れても，出身地の地縁によって組織するもともとの意味での郷友会やアソシエーション型の郷友会，財産管理のための団体，などの旧字を継承するための団体の存在（第4章から第7章，第9章），シマ単位で運営される共同店（第8章）の存在，そして，ここでは扱わないがシマ関係者の間で行われる模合（もあい）の継続性もその事例と言えよう。そしてそこには，シマに対して自ら従う規範・価値観が存在するのではなかろうか。

　第2に，シマの持つ歴史的・文化的意義の再確認である。歴史的に見て，幾度も押し寄せる沖縄の苦境を乗り越えてこられたのも，このシマに人々の拠り所があったからではなかろうか。現代においても，環境問題や防災，あるいは米軍基地問題に対する様々な沖縄のアプローチ，その原動力をシマの共同性に見ることができるのではないか。言い換えるならば，シマの共同性こそが，沖縄の地域社会のパワーの源泉となっているのではなかろうか。

　第3に，寄留民ということばが沖縄に残ってきたように，にわかには信じがたいかもしれないが，強力な自治組織であり続けた旧字の長としての区長は，明治期以来，時を経てもシマの代表者として機能し続けている点である。それは，沖縄の特に本書で対象にしている北中部に専任かつ有給の区長が多いという点にも表れている。これは，1962年に法的根拠を失った区長およびシマが，現在もなお地域自治の中心的存在として，機能し続けていることを意味するのではないか。

第4に，シマの軍用地問題への「利用」「応用」という点である。旧字の中には，共有地の所有によって生じる軍用地料収入を持つもの（第1章，第2章）もある。その際，その恩恵にあずかれるメンバーシップを規定する根拠として，明治政府による「杣山処分」，すなわち琉球王朝時代の杣山を官有地と私有地との区別も基準も示さないまま一方的に国有化した措置，が取り上げられる（仲間 2011 = 1984: 130‐140; 並里財産管理会・並里区事務所 2012）。祖先が，国有地の払い戻しに関わった旧字の住民とその子孫にのみ軍用地料の権利があるという主張である。シマへの帰属が，軍用地料という物質的な利害を生み出すのであって，それがさらなるシマへの帰属意識を生み出すのではなかろうか。

　最後に，シマのさらなる存続とシマによる拘束についてである。編者自身は，都市化によって，地域社会のゲマインシャフト的第1次集団は解体あるいは縮小していくが，沖縄には残っている（谷 2014: 2‐20）という指摘から刺激を受けて，沖縄の地域社会へ入って調査を続けてきた。本書の執筆者の中では編者以外にはいないかもしれないが，ムラ社会の中で生まれ育ちその拘束から逃げ出した経験を持つ編者は，いやそんなことはない，むしろ沖縄は，シマから解放されないだけではないかという疑問を持ち続けている。シマの存続は，裏を返せば，多種多様に変化させながら住民組織として存在させ，農業を基盤としなくなった現代においても，旧字に出自を持つ人々に対して，地縁的結合から逃れることができないよう強いているのではないのだろうか。しかし，どうやら沖縄におけるシマの重要性は，本土のムラとは大きく異なるようである。また，それは単に，沖縄の都市化，近代化への立ち遅れといった単純なものではなくて，そこに存在する規範や価値観を自ら好んで受け入れ，従おうとすること，これこそが沖縄のシマの特徴であるのかもしれない。

　このようなことを多方面から多角的に考えつつ，さあ，沖縄の地域社会へ足を踏み入れてみよう。

4　調査の方法と調査地点

　本書が対象とする地域は，沖縄本島北中部に位置する名護市（第1章），金

武町・恩納村・宜野座村（第2章），読谷村（第3章），沖縄市（第4章），嘉手
納町・北谷町（第5章），宜野湾市（第6章），浦添市（第7章）の10市町村で
ある。対象地域の選定の第1の指標は，米軍基地が所在する自治体であった。
それぞれの市町村を事例としながら，地域の住民組織について，各章の担当
者が考察していく（**図序-1**）。加えて8章は，地域内に存在する住民組織とし
て，共同店を取り上げる。また，9章では，那覇市内の軍港に接収された集
落を取り上げて，シマについて考察する。

2013年8月から，自治体ごとに担当者を決めて，沖縄本島調査を開始した。
米軍基地の所在する自治体を中心としたため，上記で示した10自治体が対
象となった（**図序-2**）。奇しくも，米軍基地の所在を指標としたにもかかわら
ず，これらの自治体は，明治期の中頭郡と国頭郡にあたる。その後，本島南
部の主に自衛隊基地の所在する自治体および沖縄の中心都市那覇市を対象と
して調査は継続中である。明治期の島尻郡がその対象である。なお，米軍基
地が所在するにもかかわらず本書では紹介できなかった北部の町村について
も，調査を継続する予定である。

現場での調査方法については，基本的には調査地点ごとに調査担当者に委
ねられた。まずは，沖縄県立図書館，沖縄県公文書館，各市町村の図書館や
市町村史編纂室等での，エクステンシブなデータ蒐集から始めた。個別のイ
ンテンシブな調査では，区の数が多い市域などでは，区長に対する質問紙調
査を実施し，さらに聴き取り可能な区をピックアップして，インタビュー調
査を行った。逆に，区の数の少ない町村では，全区長に対する聴き取り調査
を実施した。長期間を要してしまったが，結果，こうしてきめの細かいデー
タを収集することができた。

5　本書の構成

本書は，全9章の構成からなる。地域住民組織の似通った特性を示す論文
を順にまとめていったところ，図らずも地図上の北から南に向かって順番に，
本書の章を構成する結果になった。かつてのシマの構成がそのまま今もなお
残る名護市，金武町，恩納村，宜野座村から順に，南下すればするほどその

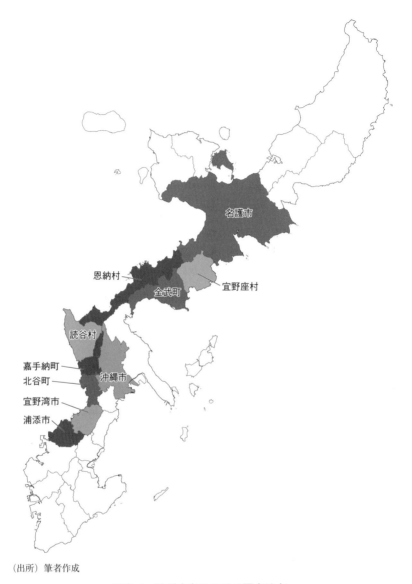

名護市

恩納村

宜野座村

金武町

読谷村

嘉手納町

北谷町

沖縄市

宜野湾市

浦添市

（出所）筆者作成

図序-1　沖縄本島における調査地点

（出所）沖縄県ホームページ。濃い部分が米軍基地。

図序-2　沖縄にあるアメリカ軍の基地

形はバリエーションを増やしながら，変化していく。太平洋戦争中，アメリカ軍が最初に上陸し，激戦地区であった読谷村，嘉手納町，北谷町，広大な基地を抱える沖縄市，宜野湾市，また沖縄の中心都市である那覇市と一緒に都市化の影響を受ける浦添市といった構成で本書の議論は進んでいく。

　第1章「沖縄の区をめぐる地域自治組織の関係性──沖縄県名護市の区を事例として」は，名護市を事例として，シマの原型（プリミティブ・パターン）とでもいえる区が，そのまま現代社会に残ってきた事例を紹介する。そしてその区が，地域社会の中で権力を持つことを示した。第2章「沖縄本島における字のリアリティ──北部の軍用地と住民関係に関する考察」は，金武町・恩納村・宜野座村を事例としながら，沖縄県北部の軍用地受け入れの歴史的なプロセス，受け入れ後の軍用地料配分をめぐる問題から見えてくる住民関係の変化などについて論じている。第3章「属人的住民自治組織と行政区──読谷村の住民自治組織の変容」は，読谷村を事例としながら，他の市町村とは少し異なるパターンとして，地域住民組織の変容という観点から，属人的自治組織の誕生と存続，新しい行政区制度の導入という過程を通して，住民自治組織の展望について論じている。第4章「共同性の物質的条件──沖縄市の郷友会と嘉手納基地」は，沖縄市を事例として，郷友会活動の継続を可能にしている条件について，ヒラリーのコミュニティ概念の分析やネオマテリアリズムの観点などを応用しながら考察している。第5章「米軍占領後の地域社会の変容と郷友会──北谷町・嘉手納町を事例として」は，北谷町・嘉手納町を事例として，編者の定義したアソシエーション型郷友会の中には財産収入のないものも存在していたことから，軍用地料収入や共有財産などの財産管理よりも，土地を媒介にした心情的きずなの重要性について論じている。第6章「宜野湾市の旧字継承団体」は，宜野湾市の事例を通じて，旧字を継承するために組織されたアソシエーションについて，そのバリエーションごとにシンプルにまとめられている。第1章から第5章までに出てくるすべてのパターンを整理できる。第7章「基地に面した自治会の機能と関係──浦添市を事例として」は，本書の中では最も都市化の進んだ浦添市を事例として，那覇市モデルで確認された「郷友会型自治会」や「二重組織型自治会」に照準を当てて，浦添市の自治会と郷友会の関係について分析を試

みている。第8章「共同店と地域社会——恩納村真栄田区を事例として」は，旧字単位で設置されることを基本とする共同店と旧字内に米軍基地が所在する地域社会の関係について，論じている。第9章「軍用地の中の「シマ」の記憶——垣花 人にとっての那覇軍港」は，那覇軍港に接収された垣花を事例として，シマの接収，軍用地主としてのシマの歴史，跡地利用といったプロセスから，シマの記憶の継承について論じている。

■参考文献

仲間勇栄，2011 = 1984，『増補改訂　沖縄林野制度利用史研究』メディア・エクスプレス。

並里財産管理会・並里区事務所，2012，『配分金等請求訴訟事件——杣山・区有地裁判記録集』並里財産管理会・並里区。

難波孝志，2017，「沖縄軍用跡地利用とアソシエーション型郷友会——郷友会組織の理念と現実」『社会学評論』67(4)：383 - 399。

沖縄大学地域研究所叢書，2013，『未来を共創する智恵：沖縄大学土曜教養講座が問う日本の課題〈1〉』芙蓉書房出版。

琉球政府，1989a = 1970 復刻，『沖縄県史 1　通史』国書刊行会。

————，1989b = 1970 復刻，『沖縄県史 2　政治』国書刊行会。

佐喜眞興英，1977，『シマの話』〈炉辺叢書〉柳田国男編，名著出版。

高橋明善，1995，「基地の中での農村自治と地域文化の形成」山本英治・高橋明善・蓮見音彦編『沖縄の都市と農村』東京大学出版会。

————，2020，『自然村再考』東信堂。

谷富夫，2014，「沖縄的なるものを検証する」谷富夫・安藤由美・野入直美編『持続と変容の沖縄社会——沖縄的なるものの現在』ミネルヴァ書房。

田里友哲，1983，「沖縄本島の屋取集落」『論集　沖縄の集落研究』離宇宙社。

第1章
沖縄の区をめぐる地域自治組織の関係性
──沖縄県名護市の区を事例として──

難波孝志

1　沖縄の地域自治システム研究の意義

　2010年から，中央政府は，名護市の区（久辺3区（久志・豊原・辺野古））に対して，補助金（「再編関連特別地域支援事業補助金」）の直接交付を行った（2018年度から市長の交代とともに特別措置廃止）（2018年5月30日　沖縄タイムズ＋プラス　ネットニュースから）。もちろんここでいう区は，特別区ではないし，名護市は政令指定都市でもない。合併特例区でもなければ地域自治区でもなさそうだ。国家と直接交渉を行う区とは何者だろうか？　いわゆる自治会・町内会にあたる組織が，名護市の区である。沖縄では，「区が社会の基本単位」であって，「市政も区が自治の単位であるという前提で運営されている」（黒田 2013: 279）ともいわれる。本章は，国家・県・基礎自治体・自治会（沖縄では区・旧字・シマといわれる）の関係性の中で，沖縄の地域自治について考えることが目的である。

　本土復帰前の1970年8月，名護市はかつての5町村（名護町，屋部村，羽地村，屋我地村，久志村）が合併して誕生した。合併前の5町村は，現在は支部となって，市の支所の機能を持つ。市内に55ある区は，支部の中に位置付けられるが，区の代表者が集まる会議を区長会と呼び，この場で市からの伝達や市への要望，支部としての意見の取りまとめが行われる。

　本章では，こうした区，区長会と基礎自治体との関係を中心に，①支部と

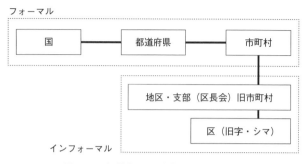

図1-1　名護市の地域自治組織関係図

名護市の関係，②区と名護市の関係，③合併前の町村（現在の支部）間の関係，④支部内での区どうしの相互関係，という4つの次元を設定し，地域社会の権力構造を明らかにすることを目的とする。

2　沖縄の地域自治組織研究の背景

　まずは，沖縄の地域自治組織，特にそこでの地域自治について理解する上での，これまでの議論を紹介しておこう。第1に，地域自治における「補完性の原理」の議論である。沖縄で「補完性の原理」が持ち出される場合は，知事の代理署名の件以来，多くの場合「中央政府と地方政府の役割分担のあり方」が問われてきた（熊本 2015: 433-434）。では，地方政府と地域自治組織，地域自治組織と住民の役割分担のあり方はどうだろう。より住民に身近なレベルでは，補完性の原理は「個人でできることは個人で解決し，地域内に存在する町内会や自治会・NPO・各種組織などのアソシエーションでできることは地域内のアソシエーションで解決する。アソシエーションで解決できないことだけを，その上位組織である自治体が受け持つという，そういった意図をもっていた。」と特徴づけることも可能である（西尾 2007: 248; 難波 2014: 167-168, 191-192）。つまり本章では，補完性の原理でもって，区と支部，支部と基礎自治体の関係を考えてみる。

　第2に，「行政協力組織」としての町内会・自治会，そして区長（＝自治会

長）専任制度，区長への報酬，市からの補助に関してである。行政学におい
ては，基礎自治体と地域住民との間に形成される「行政協力制度」として，
①町内会による，②町内会長による，③町内会との事務委託契約による，④
「行政連絡員」の設置によるなどの行政協力の方法が議論されてきた（森
2002‐3: 317‐318）。町内会・自治会は，自治体行政の一部を担う行政末端補
完機能から解放され，住民の自発性によって任意に組織されるものである。
ただ，住民に対する広報の配布や自治活動の推進による行政との連絡などの
必要性から，行政連絡員や区長等を置き，その設置と報酬の支払いの根拠と
して，条例や規則を制定する場合も多い。そして，これらが区や自治会の存
立を強固にしている（伊藤 2007: 86）。ただ，この場合の行政連絡員への補助
は，数千円から1万数千円の範囲に留まるのが通例のようである（森 2002‐
3: 324‐325）。

　第3に，沖縄北中部の行政区名として使われている「区」の多くが，琉球
王府時代の「シマ（字）」であることだ。昨今，「自然村」を見直そう（高橋
2020）という議論も出てきている。もちろん，鈴木栄太郎の「自然村」をそ
のまま現代の沖縄地域社会に当てはめることはできないだろうが，重要なこ
とは，地域社会が行政村と自然村という「二重構造」（瀧本・青木 2015: 60）を
持つということであって，明治期以前に行政村であった地区，つまり旧村で
あった（沖縄では字）空間が，基礎的地域社会の空間として機能していたこ
とである（森岡 2008: 22‐23）。

　第4に，「屋取（ヤードゥイ）」集落の存在である。屋取集落は，廃藩置県
後，寄留士族が首里，泊，那覇から沖縄本島北中部へ帰農土着することによ
って形成された。沖縄の伝統的な集落が碁盤の目状のブロック構成であるの
に対して，屋取集落は，耕地の近くに屋敷を構える散在的集落である。士族
は林地，原野を開墾したり，小作などの方法によって土地を求めたが，財産
をなしたあかつきには首里や那覇に帰るという意図で，一時的宿りをしてい
たに過ぎないことから，宿り＝屋取（やどり）と呼ばれた（仲松 1990: 40, 42）。

　そして第5に，軍用地による「分収金制度」である。分収金制度とは，も
ともと沖縄北部の杣山（旧字の住民が共同で利用していた林野）が軍用地と
なり，現在は杣山が市町村有林であることから，市町村有林に支払われた軍

用地料が，地域（旧字民＝名護市では区）へと配分される制度のことである（来間 1998，2012；瀧本・青木 2012，2017a，2017b；難波 2013）。基地となった杣山が広大であることから，年間の軍用地料が億単位になることも珍しくない。そして，分収金の基礎自治体と地域組織の配分比率は，自治体と地域の力関係に他ならない。名護市では，10 区に分収金制度が存在する。

　これら 5 つの先行研究を念頭に，名護市の区，区長会と基礎自治体との関係を事例としながら，上記の 4 つの次元で，分析を進める。

3　名護市と支部（地区）の概要

　名護市の概要を紹介しておこう。名護市は，人口：6 万 2936 人（男：3 万 1363 人，女：3 万 1573 人），世帯数：3 万 66 世帯（2020 年 3 月 31 日現在），面積：210.90 km^2 の，沖縄県第 2 ではあるが，小規模な地方都市である。県庁所在地の那覇市からは，約 70 km，高速道路を使って車で約 1 時間少々のところに位置する。名護市のホームページでは，多品目の農業，鶏卵やブロイラー，養豚などの畜産業，林業・漁業，観光がおもな産業として挙げられる。

　1970 年 8 月，名護市は，前述の旧 5 町村が合併して誕生した。現在もなお，旧町村単位に，「名護市役所支所設置条例」（1970 年 8 月）によって，支所が設置され所管されている（桃原 2002: 198 - 204）。名護市には，本土にみられるような，市町村合併時に設置可能な地方自治法に規定される財産区は存在しない。また，読谷村，北谷町，嘉手納村などとは違って，軍用地接収によって居住地の移転を強いられた区はない（第 3 章，第 5 章）。したがって，区内に軍用地が所在するために分収金制度を実施している区は市内に 10 区あるが，軍用地を維持するための「アソシエーション型の郷友会」は存在しない。名護市では，那覇市を活動拠点とする羽地郷友会など，いわゆる軍用地の関係しない「コミュニティ型の郷友会」（難波 2016）のみが存在しているのである。

　ここで特に強調しておきたいのは，名護市の現在の行政区（「区」と呼ぶ）は，明治以前の行政単位であった「字（シマ）」が，行政区として分かれて増えたことはあっても，一度も合併して統合されたことはないことである（名護市史編さん委員会 1988: 40 - 43）。

（出所）『名護市史 本編 11』, 17。

図 1-2 名護市の行政区

（出所）名護市ホームページから。

図 1-3 名護市内の米軍基地

表 1-1 名護市の概要

	人口		男	女	世帯数		面積（km^2）	
名護地区	36,527	58.0%	17,975	18,552	17,147	57.0%	45.83	21.7%
羽地地区	8,944	14.2%	4,540	4,404	4,080	13.6%	56.92	27.0%
久志地区	4,176	6.6%	2,087	1,890	2,336	7.8%	77.19	36.6%
屋部地区	11,903	18.9%	5,843	6,060	5,738	19.1%	23.06	10.9%
屋我地区	1,386	2.2%	719	667	765	2.5%	7.73	3.7%
名護市合計	62,936	100.0%	31,164	31,573	30,066	100.0%	210.73	100.0%

（出所）名護市ホームページ人口・世帯数から（2020 年 3 月 31 日現在）。

　簡単に名護市の 5 つの地区（支部）の概要をまとめておこう。ここで扱う数値は，すべて名護市統計による 2020 年 3 月 31 日現在のものである。
　名護湾を囲むように広がる名護地区（旧名護町）は，喜瀬・幸喜・許田・数久田・世冨慶・東江・城・港・大東・大中・大西・大南・大北・宮里・為又の 15 区から構成されている。近世以前（古琉球）の時代から，名護按司がいた名護城が存在したことからもわかるように，名護地区はこの地域の中心地であった（名護市史編さん委員会 1988: 96 - 97）。地区は名護市の西部に位置し，市街地地区が広がっていて都心部を形成している。現在の名護市役所も名護地区にある。また，南部には，キャンプ・ハンセン（喜瀬・幸喜・許田），キャンプ・シュワブ（許田・数久田・世冨慶）が存在する。
　羽地内海に面した羽路地区（旧羽地村）は，源河・稲嶺・真喜屋・仲尾次・川上・田井等・親川・降慶名・山田・仲尾・伊佐川・我部祖河・内原・古我知・呉我の 15 区で構成されている。名護市の北部に位置するこの地区は，近世以降，米の集荷や積出港として重要な拠点となった。幕末にはペリーの一隊が立ち寄ったことでも知られている（名護市史編さん委員会 1988: 372 - 373）。地区の中央部には，沖縄北中部の灌漑用水および水道用水の供給を目的とした羽地ダムが建設された。
　久志地区（旧久志村）は，大浦湾からその北部まで海岸線に続く縦長の地区である。久志・豊原・辺野古・二見・大浦・大川・瀬嵩・汀間・三原・安部・嘉陽・底仁屋・天仁屋の 13 区からなる。久志地区は，近世から戦後間もない頃まで，薪や材木を産出する山仕事が中心の産業であり，村所有の村

舟で産品を運んでいた。地区の内部は，南部の米軍基地が建設された久辺3区（久志・豊原・辺野古）と，その北側の二見以北10区（久辺3区以外）とに分けて呼ばれる。また，明治の廃藩置県以来，首里や那覇・泊からの士族の寄留・定住（屋取）が多い地域であった（名護市史編さん委員会 1988: 612-613）。久辺3区，瀬嵩を除いて，人口は減少傾向にある。また，南部にキャンプ・シュワブ（豊原・辺野古・久志），辺野古弾薬庫（二見・辺野古）がある。

　名護市中心部から北西方向に広がる屋部地区（旧屋部村）は，宇茂佐・屋部・山入端・安和・勝山・旭川・中山の7区からなる。1949年，戦災復興を早く進めるために，旧名護町から分村して誕生した。名護市中心部と近接しているために，沿岸部は比較的市街地を形成している。1950年代半ばからのパインブームで丘陵地帯は開墾され，パイン畑が造成された。同じ頃，石灰岩の砕石，セメント利用が進められた。砕石場やセメント工場は，近隣字の人々の就職の場を提供したが，山の姿を大きく変容させることになった（名護市史編さん委員会 1988: 292）。現在は，市内で唯一の中山間地である勝山において，シークワーサーの栽培と加工が行われている。また，西部に八重岳通信所（勝山）が存在する。

　屋我地地区（旧屋我地村）は，饒平名・我部・運天原・済井出・屋我の5区からなる。1946年，旧羽地村から旧屋我地村として分村した屋我地地区は，羽地内海をはさんで羽地地区の北に位置する屋我地島，つまり橋でつながった島である。1960年のチリ地震津波では，羽地とつながる橋が流失した（名護市史編さん委員会 1988: 413, 554）。島の子どもたちは竹馬を使って小学校へ通ったという（区長インタビューから）。現在は過疎化が進む地区ではあるが，観光で有名な古宇利大橋は，この島と今帰仁村の古宇利島との間に架かる橋である。

　このように名護市の5つの地区は，それぞれの特徴を持ち，それぞれの発展を遂げてきた。それでは，実際の地区内部の区に入ってみよう。

4 名護市における調査概要

2015 年 8 月・2016 年 2 月の 2 期にわたって，名護市の 5 つの区長会（支部）において，全 55 区の区長に対して質問紙調査の依頼，質問紙（返信封筒とともに）を配布した。全区長に対して，調査依頼を対面で行うためには，5 つの支部をすべて回って区長会で説明する必要があった。調査に対する対応は，支部ごとの判断に任されるのである。各区長会によって，調査への対応はまちまちであって，支部単位で質問紙を回収してもらえた支部もあれば，郵送による回答を希望した支部もあれば，回答に対して消極的で調査者が回収に回った支部もあった。さらに，聴き取り調査に協力してもらえる区に対しては，個別区長への聴き取りを行った。最終的に質問紙が回収できなかった区に対しては，2019 年 2 月に再度直接訪問することによって回収を行い，全区の回収を終えた。

5 名護市の区の事例研究

ここで，聴き取り調査に応じていただいた 5 つの特徴的な区について，事例として簡単に紹介しておこう。

A区（名護地区）：加入約 180 世帯，10 班，加入率約 84%

A区は，戦前から居住する住民の多い区であるが，現在も人口変化はほとんどない。区予算約 4000 万円（軍用地返還前）で運営していて，区民から区費は徴収していない。区長と書記は常勤（区長手当は NA（無回答：No Answer））であるが，会計は非常勤である。A区は，軍用地の返還には反対の立場を取ってきた。しかし，名護地区では軍用地が返還されることになって，区の収入は激減することになった。ただ，軍用地からの収入があった時代からこのことを見越していて区では貯蓄してきた。軍用地に接する山間部はリゾート開発され，高級ホテルやゴルフ場が立地する。これらのホテルやゴルフ場の土地もかつては区が所有していた。軍用地返還反対運動の展開か

らもわかるように，区長の発言力は市に対しても，支部に対しても非常に強い。

B区 （名護地区）：加入約500世帯，7班，加入率約30%

B区は，加入世帯数からもわかるように，名護市の中心市街地を形成する人口の変化がほとんどない戦前・戦後の住民の混住する区である。区予算は約900万円で，区費は各世帯から月額350〜700円を徴収している（区費は世帯割ではなくて，人数割になっている）。区長は常勤であって手当は18万円，書記と会計は非常勤である。区への加入率も大変低く，地域力の低下を実感している。班長のなり手がいないのが最も悩ましい問題であって，班長という名前だけの方が多くなってきているのも事実だ。班のことがまったく前に進まなくなってきた。戦後，新住民と古くからの住民の間で，旧日本軍の軍用地をめぐる裁判があった。それ以来，区民同士の関係がギクシャクしていることもその原因ではなかろうか。

C区 （久志地区）：加入約240世帯，8班，加入率100%

C区は，久辺3区のひとつで戦前から居住する住民が多く，現在人口変化はない。区の予算は約6000万円であるが，区費月額1000円を徴収している。区長（区長手当NA），書記，会計ともに常勤である。特に着目すべき点は，区への加入率が100%であることだ。分収金収入があって，区の予算は潤沢である。区が所有する区有地を貸し出すことによって，農業を推進し，サトウキビ・カボチャ・ゴーヤなどを栽培している。区の予算でトラクター・ハーベスタを所有して，区民に貸し出している。豊富な資源を活用して，区民の福利厚生から仕事（農業）に至るまで徹底的な支援が受けられる。

D区 （久志地区）：加入30世帯以下，班なし，加入率約93%

D区は，二見以北10区のひとつで戦前から居住する住民が多く，現在人口変化はない。区の予算は約700万円であり，区費として月額800円を徴収している。区長は非常勤であり，手当18万円が支払われている。書記，会計ともにいない。D区は，廃藩置県後の屋取集落であって，各戸は侍の出であ

るという。名護市内で一番小さい区である。子どもが2人しかいなくなったから，子ども会は2004年に解散してしまった。現在，小学生から高校生まで合わせても3名しかない。共同売店もあったが，2004年に閉店した。伝統行事のアブシバレー（悪虫払い）と敬老会だけは何とか存続しているが，村踊りさえもできなくなってしまった。

E区（屋我地地区）：加入約70世帯，班なし，加入率NA

E区は，屋我地島の中にあって（地域特性NA），人口減少傾向で過疎化の進む区である。区の予算は約450万円であって，区費は月額850〜2200円（ここも区費は世帯割ではなくて，人数割になっている）を徴収している。区長は非常勤（区長手当12万円），書記は常勤，会計はいない。老人会が過去15年間解散していたが，2016年に区民の要望で再度発足した。この区は，屋取集落で，寄留者が塩田製法を持ち込んだ。現在も塩田を復活させ保持している。人口減少による過疎化によって，エイサーもなくなり，豊年踊りも5年に1度になった。若い人がほとんどいないのが最大の悩みである。同時に，区長のなり手もいない。

6　区，支部，基礎自治体の相互関係

各区から回収した質問紙およびそれを補足するための聴き取り結果から，区，支部および基礎自治体との関係をまとめてみよう。

（1）名護市の支所方式による旧行政村体制の存続（①支部と名護市の関係において）

区長に対する調査依頼は，名護市で一括してではなくて，支部（区長会）単位で区に対して行わなければならなかったことは前述のとおりである。区長会で調査主旨を説明したのち，質問紙の回収方法について各区長会で議論が行われた。各区長会では，外部の担当者からの説明が必要な場合は，その議題のときだけ部外者が会議室に入って説明を行うことが許される。したがって，外部から来たものは，議題の順番が来るまで会議室の外の待合室で，

出番を待つことになる。このとき，別の議題で説明に来ていた名護市の職員に，各区長会の待合室で計5回（5つの区長会で）出会うことになった。これは，支部と基礎自治体の関係を端的に表す。この体制は，1970年の合併以降，現在まで変更なく存続している。そして，市の職員ですら，支所ごとに連絡・調整を行うこの方式に何の疑問も抱かない。

　参考までに，うるま市や沖縄市の区長会の体制を紹介しておこう。名護市同様に，区長に対して質問紙を配布するために，区長会での調査主旨説明の許可をお願いした。これらの市では，全市一括で区長を集めて区長会を実施していたため，説明は1回のみだった。質問紙の配布・回収方法もあらかじめ市の担当部署と相談して決めた方法（区長会で配布し，郵送による回収）が，その場で議論される余地もなく区長に対して伝達された。2005年，具志川市，石川市，与那城町，勝連町の2市2町が合併し発足したうるま市には，63の自治会（公民館）が存在する（うるま市ホームページから）。沖縄市は，1974年コザ市と美里村が合併して発足した。市内に37の自治会が存在している（沖縄市ホームページから）。

　それでは，なぜ名護市では，支部ごとの区長会，言い換えれば旧町村単位での支部の運用が存続してきたのか。それは，「合併時の約束があって，支部と名護市は対等な立場」（区長インタビューから）を保ち続けているからであるようだ。名護市史にも，合併後も「旧村役場（支所）の一般業務が縮小されたからといって，地域社会におけるその果たす役割の重要性はなんら後退していないといっても過言ではない。とりわけ，旧村時代からの事業・活動，各種団体事務も含めて，あらゆる付帯業務を少数の職員でカバーしている。」（桃原 2002: 199）という記述が見られる。

(2) 名護市の区長制の存続（②区と名護市の関係において）

　次に，区長会を構成する区長制についてまとめておこう。名護市史によると，「名護市では一般に地籍字と行政区が一致している。現在の字は，明治36年（1903年）に終了した土地整理事業（地籍の確定）で設定された地籍字（大字）を継承している。」（名護市史編さん委員会 1988: 175）。つまり現在の名護市の行政区界は，明治時代の字界がまったく変更されることなくそのまま

図1-4　調査から描いた名護市の住民自治組織関係イメージ図

現代に存続しているのである。1948年，沖縄の他の市町村同様に，名護市でも法的な後ろ盾を持った区長が置かれた。1962年の法改正によって，区長制はわずか15年で法的根拠を失ってしまう（序章参照）。名護市では，1970年の合併以降も，1972年の本土復帰後も，「区」を設置し「区長」を置き続けている。

　大事なことは，当の区長自身の意識である。前述の支部と名護市が対等な立場であると同時に，「区は小さな行政であって，市と対等な立場」（区長インタビューから）なのだという。1962年に法的根拠を失ってからは，区はインフォーマルな組織になった。質問紙によると，名護市内のほとんどの区で区長は選挙で選出されている。もちろん，公職選挙法による選挙ではないが，現在もなお区長を投票によって民主的に選出しているのである。区長のいう，フォーマルな組織とインフォーマルな組織が「対等」であるという言葉の意味には，少し注意が必要であるが，名護市に居住する区民にとっては，区は区長の言葉のとおり「小さな行政」体なのである。そして，2000年の地方分権一括法以降，国家と地方自治体は，横並びの関係になったといわれる。そう考えると，本章の冒頭で述べたように国家と区が直接交渉を行ったとしても，不思議ではない。区長会の存在と区の存続，地方政府としての市との力関係でいえば，区が法的根拠を失った現在も，その権限を当時のまま踏襲させてきたといってもよいだろう（図1-4）。

(3) 名護市内の支部運営の温度差（③支部間の関係において）

　それでは次に，名護市内の各支部の運営体制から，支部間つまり旧町村間の関係についてみてみよう。質問紙によると，下記のデータのとおり，区の年間予算規模の差は，区間でも支部間でも歴然である。年間予算2億円規模の区と，320万円の区が併存していることがわかる。中でも，分収金制度を

表1-2　名護市各区の年間予算平均（万円）

	名護	羽地	久志	屋部	屋我地	平均	最大	第2	最小	無記入
区の年間予算平均値	1,463	891	3,653	731	588	1,596	20,000	6,000	320	9件
（分収金収入のない45区のみ）	966	891	1,316	731	588	878	3,187	2,030	320	6件

表1-3　名護市からの年間補助金の平均額（万円）

	名護	羽地	久志	屋部	屋我地	平均	最大	第2	最小	無記入
名護市からの補助金の平均額	299	239	2,570	282	223	738	18,000	900	200	11件
（分収金収入のない45区のみ）	316	239	701	282	223	352	900	828	200	7件

持つ区の年間予算額は突出している。全国を見渡して，年間予算規模が２億円に達する町内会・自治会が果たして存在するだろうか？　支部間の差もまた大きい。軍用地による分収金収入がある区は，名護地区と久志地区に集中しているため，２つの支部の年間予算の額を引き上げている。分収金収入のない区のみの平均値を再計算してみると支部間の差は縮まるが，区内の人口の多い名護地区と，東海岸の久志地区がやはり大きい（表1-2）。

　名護市からの補助金を見てみると，軍用地による分収金収入が加算される久志地区が圧倒的に大きい。分収金収入のない区のみの平均値を再計算してみても，久志地区が他地区の２倍以上の補助金を得ていることがわかる（表1-3）。これは旧町村の財産の保持（久志には旧村時代の村有林財産があった）に起因するもので，かつての合併前の旧村有林からの軍用地収入を，合併後の名護市の財産とせず，旧久志村にのみ配分することによる結果である（区長インタビューから）。

　こうしてかつての町村を支部として残した結果，単に人口規模だけでは割り切れない予算措置や前述の運営の煩雑さが今に残っているように思える。分収金収入とはまったく無縁の区の区長による，「軍用地があるような地区とは違って，のんびりやってますよ。」（区長インタビュー）ということばが特に耳に残っている。

表 1-4　区の運営組織

	常勤	非常勤	書記と兼務	いない	不明・無記入	合計
区長	37	17	0	0	1	55
書記	48	3	0	3	1	55
会計	5	6	14	9	21	55

(4) 名護市の区長専任制と区長報酬，区の運営の温度差（④区と区との関係において）

　最後に，各区の運営体制から，区と区の相互関係を考えてみよう。**表 1-4** は，区の運営組織についての回答である。まずはじめに驚くのは，37 の区で区長が専任制をとっていて常勤なのである。全国的に見て町内会長・自治会長が常勤である事例がどれほどあろうか。区長インタビューでは，前職を定年退職後に区長を務めているものもあるが，比較的若手の区長の中には，前職をあえて退職して区長を務めるものもある。そのような区では，区長は，地域を代表する顔であり，区民がやりたいあこがれの仕事でもあるのだ。また，48 の区が常勤の書記をおいて，区の事務所が区民に対していつも開かれた状態を保っているのも特徴的である。会計については，書記と兼務したり，いない場合が多い。予算規模・人口規模の大きな区ほど，区長が常勤であって，書記・会計などの職員がそろっていた。区の事務所を回ってみると，大きいところは，これは町役場・村役場ではないかというような立派な建物を持つ区もある。他方でこれらとは対照的に，区の事務所もないし，常駐の書記も会計もいなくて，区長との携帯電話のやり取りだけで連絡を取るという区も存在する。事例からもわかるとおり，特に屋取集落において区の組織自体の存続が危ぶまれる。

　名護市の各区長の月額平均報酬の額を見てみよう（**表 1-5**）。区の予算額や市からの補助金ほどの差はないが，支部ごとの区長の報酬にも同じような差が生じている。区の予算額・人口と区長の業務量には，当然正の関係が生じるだろうから，その結果であろう。ただ，前述のとおり多くの区で区長は専任であって常勤である。本土の町内会長や自治会長は無償ボランティアの場合が多いが，行政協力員に比べても，けた違いの報酬であることがわかる。

表 1-5　名護市各区長の月額平均報酬額（万円）

	名護	羽地	久志	屋部	屋我地	平均	最大	第2	最小	無記入
区長の月額平均報酬	26.4	16.1	21.3	16.8	13.5	20.6	35.0	32.0	12.0	14件
（分収金収入のない45区のみ）	25.9	16.1	20.0	16.8	13.5	18.5	30.0	30.0	12.0	9件

区長インタビューからは，行政協力員や自治会長と比べて業務量は，たいして変わらないように感じたが，市からの補助金と区費の徴収によって，区長や書記・会計の専任制度が維持できていることには，目を見張るものがある。

　このように支部間・区間の差は，都市化が進み人口移動が活発になるにつれて，年々増している。ただ，なぜ支部や区の統合あるいは合併が行われないのだろう。「過疎化が進んで存続不可能になろうとも，「区」の合併は不可能でしょうね。」（区長インタビュー）という区長のことばは，旧字＝現在の区の存続，統合・合併の難しさを物語っている。軍用地を抱える（分収金を持つ）区の存在が，区の運営の温度差を助長する。分収金制度を持つ区は，名護地区に5区，久志地区に5区あるが，予算規模の差は，当然，区の運営組織にも，行事にも，そして区長会での発言力にも影響を及ぼす。また，名護市では，条例によって分収金の市と区の配分が60：40に決まっている。区の側からすれば，本来，自分たちが得るべきものについて半分以上を市に渡しているという意識が生まれてくることも確かだ。市に対する発言力も当然大きくなる。地域自治あるいは自治力という観点からは，分収金を持つ区は，最も進んだ事例であって，「補完性の原理」に合致した自治組織の運営が行われている。他方で，名護市では，2つの区を除いてほとんどの屋取集落が急激な人口減少に直面している。にもかかわらず，名護市では区の統廃合は難しいのである。

7　地域自治組織の関係性

　地域社会の権力構造を分析してきたが，補完性の原理という観点から地域自治についてまとめておこう。補完性の原理では，国家よりもより住民に近い基礎自治体においてトータルなサービスの充実をというのが，その原則と

される。それでは住民と基礎自治体の「協働」という次元ではどうか。もちろん住民に最も近い住民組織において充実したサービスを受けられることは大事であるが，住民自治という観点から考えれば，法的な権限は基礎自治体が持つことが原則である。ただ，現場・地元の声を無視して基礎自治体が行動を起こすことは不可能であろう。

　久辺3区と国家が直接交渉を行うことによって補助金を交付したという事例は，インフォーマルな組織（区）が，あたかもフォーマルな組織（国家・基礎自治体）と同列の関係にあるがごとく機能したということであるが，沖縄において軍用地・基地がキーとなって，「シマ」を基盤とした明治期以前の行政村（＝共同体）が現在もなお地域社会の権力を握っている，という事実が表出した事例ということができよう。

【付記】本章は，JSPS 科研費 25380719・16K04124・19H01581 の助成を受けて行われた研究成果の一部である。

■参考文献

伊藤修一郎，2007，「自治会・町内会と住民自治」『論叢現代文化・公共政策』5：85 - 116。

川瀬光義，2013，「名護市にみる基地維持財政政策の実態」『基地維持政策と財政』日本経済評論社，137 - 155。

―――，2018，『基地と財政』自治体研究社。

熊本博之，2016，「政治が沖縄にもたらしたもの――普天間基地移設問題を事例に」『社会学評論』67(4)：432 - 446。

来間泰男，1998，『沖縄経済の幻想と現実』日本経済新聞社。

―――，2012，『沖縄の米軍基地と軍用地料』榕樹書林。

黒田由彦，2013，「共有地のうえの基地――沖縄県名護市」『ローカリティの社会学』ハーベスト社，261 - 295。

森裕亮，2002-3，「わが国における自治体行政と地域住民組織（町内会）の現状――行政協力制度を対象に」『同志社政策科学研究』3(1)：315 - 332。

森岡清志編，2008，『地域の社会学』有斐閣アルマ。

名護市史編さん委員会，1988，『名護市史・本編11　わかまち・わがむら』名護市役所。

―――，2003，『名護市史・本編9　民俗Ⅲ　民俗地図』名護市役所。

仲松弥秀（1990）『神と村』神泉社。

難波孝志，2013，「沖縄の軍用地におけるコモンズの諸問題——杣山の軍用地料分収金をめぐる諸相」『大阪経大論集』63(5)：27 - 45。

———，2014，「昭和・平成の越県合併に伴う町内会の確執と再編——長野県旧神坂村・旧山口村を事例として」『市町村合併と村の再編——その歴史的変化と連続性』〈年報 村落社会研究 50〉日本村落研究学会，165 - 195。

———，2016，「沖縄軍用跡地利用とアソシエーション型郷友会——郷友会組織の理念と現実」『社会学評論』67(4)：383 - 399。

西尾勝，2007，『地方分権改革』東京大学出版会。

高橋明善，2001，『沖縄の基地移設と地域振興』日本経済評論社。

———，2020，『自然村再考』東信堂。

瀧本佳史・青木康容，2012，「軍用地料の「分収金制度」——沖縄県における軍用地料配分に関する一側面」『佛教大学社会学部論集』55：55 - 71。

———，2015，「軍用地料の「分収金制度」(7) ——「町内会・部落会」と沖縄の区長会」『佛教大学社会学部論集』61：57 - 76。

———，2016a，「軍用地料の「分収金制度」(8) ——市町村行政の末端機関と「自治会・部落会」」『佛教大学社会学部論集』62：103 - 121。

———，2016b，「軍用地料の「分収金制度」(9) ——流動化する沖縄社会と住民自治組織の特異性」『佛教大学社会学部論集』63：55 - 78。

———，2017a，「軍用地料の「分収金制度」(10) ——北部 4 市町村と軍事基地：地域を分断する軍用地料」『佛教大学社会学部論集』64：93 - 116。

———，2017b，「軍用地料の「分収金制度」(11) ——杣山・林野入会権・軍用地料」『佛教大学社会学部論集』65：39 - 62。

桃原一彦，2002，「自治等組織」名護市史編さん委員会編集『名護市史・本編 7　社会と文化』名護市役所，198 - 242。

第2章
沖縄本島における字のリアリティ
——北部の軍用地と住民関係に関する考察——

牧野芳子

1　はじめに
——北部3町村の字と軍用地——

　沖縄本島北部は,「やんばる＝山原」と称される自然豊かな地域であるが, 一方で占領期以降復帰後も, 普天間基地移設問題で有名になった名護市辺野古をはじめとする米軍基地と共存し続けてきた地域でもある。本章で取り上げるのは金武町・宜野座村・恩納村である。現在この北部3町村は, 在沖米軍基地キャンプ・ハンセンに軍用地を提供している。本章ではこの軍用地と住民関係についての考察を通して, 現代における字の存在にリアリティを持つ人々がいることを明らかにしていく。

　この対象地域と軍用地については, 難波孝志が「コモンズの諸問題」として調査結果をまとめているが (難波 2013), 本章では桐山節子を挙げたい。桐山は対象地域のうち金武町内での軍用地料と女性差別の問題に焦点を当てているが, この軍用地料に関わる利権構造が, 女性だけでなく「区外出身者 (＝よそ者) への排他性を強めながら地域を再構成してきた」と論じている (桐山 2018: 69)。そこで筆者は, 同様の軍用地料問題を抱える宜野座村・恩納村までフィールドを広げ, 3町村の住民関係を概観し, 軍用地受入れによってどのように変化したのかを考察することにした。なお本章では, 利権の構造ではなく区内出身者すなわち字の住民による地域自治の意識に着目する。

つまり排他的に利権を守るという行為が，単に金銭を守ることではなく字という地域を守ることではないかと考えるのである。

　まず，3町村内の住民関係について軍用地受入れ以前にまで遡り整理する。次にこの地域に受け入れられた軍用地の特性すなわち共有地である入会山が軍用地になった過程について考察する。最後にその軍用地受入れに伴う軍用地料配分をめぐる問題から見えてくる住民関係について検討する。そしてその背景に現代においても字が存在意義を持つことを確認していきたい。では本論に入る前に，本章における字と，調査対象・方法について述べておこう。

2　調査対象と方法

　調査について述べる前に，本章における字について確認しておく。沖縄本島において各市町村内のまとまりのある集落あるいはその集落の住民組織は，字・自治会・行政区といった名称で呼ばれ，この名称はそれぞれの地域で独自のイメージで使われている。よって同じ名称だからといって同じものと捉えることは難しい。しかし筆者はこの中で字に対する意識には共通な特別なものがあることを折に触れ感じてきた。この3町村内の軍用地受入れについて字がどう関わってきたかを明らかにしたい理由もそこにある。この3町村においては，特に字か字でないかの境界が明白である。その基準は戦前から先祖代々居住してきたことであり，さらに杣山である地域の入会山の入会権を持つ世帯の集落でもある。

　研究対象は，北部の金武町・宜野座村・恩納村である。この3町村が米軍に提供している軍用地は，地域の共有地であることから，難波・桐山によって明らかにされているような様々な問題をはらんでいる。本章で3町村すべてを挙げた理由は，ひとつの限られた地域の特殊な問題であると捉えられることを避けるためである。

　研究方法としては，3町村内の各役場の担当職員・各行政区の区長（＝自治会長），関連団体等への聞き取り調査結果と，調査過程で収集した町村誌（史）・字誌，村誌編纂だより，町村勢要覧などの文献資料をもとにしている。調査期間は 2013 年 8 月から 2019 年 3 月までである。

表2-1　金武町の字と現在の区名・人口および軍用地料の有無

字名		区名	2000		2012		2016		軍用地料
			人口	世帯数	人口	世帯数	人口	世帯数	
屋嘉		屋嘉	1,518	464	1,799	737	1,910	809	○
伊芸		伊芸	842	315	1,004	447	1,069	482	○
金武	金武	金武	4,584	1,797	4,835	2,304	4,831	2,363	○
	並里	並里	2,452	906	2,705	1,149	2,783	1,196	○
		中川	823	261	904	342	910	352	—
		合計	10,219	3,749	11,247	4,979	11,503	5,202	

表2-2　宜野座村の字名と分村後の区名及び人口の推移と軍用地料の有無

字名	区名	1946		1980		2000		2013		軍用地料
		人口	世帯数	人口	世帯数	人口	世帯数	人口	世帯数	
宜野座	宜野座	4,109	824	951	243	1,081	328	1,157	431	○
古知屋	松田	2,291	458	1,071	260	1,275	403	1,524	573	○
漢那	漢那	4,935	987	919	222	1,084	355	1,196	463	○
	城原	1,193	238	195	55	249	82	289	112	—
惣慶	惣慶	2,776	555	902	287	1,077	381	1,389	549	○
	福山	3,241	648	222	58	261	78	262	91	—
合計		18,545	3,710	4,260	1,125	5,027	1,627	5,817	2,219	

（注）宜野座村誌（通史）・村政施行60周年記念誌から筆者作成。

　以下に対象地域のデータを示す。金武町は本島東海岸側に位置し，面積は37.78 km²，南はうるま市，西は恩納村，北は宜野座村と接している。琉球王朝時代には現在の宜野座村とともに「金武間切り」を形成し，戦後宜野座村が分村するまで金武村であった。現在町内には5つの行政区がある（表2-1 参照）。

　宜野座村は同じく本島東海岸側金武町の北隣に位置し，面積は31.3 km²，北は名護市，西は恩納村と接している。かつて金武町と同じ間切りに属していたが，1946年宜野座村として分村している。村内には従来字であった4つの区と，流入住民が形成した2つの区がある（表2-2 参照）。

　恩納村は，面積50.87 km²，南北に27.4 km，東西に4.2 kmと細長く，北

表 2-3　恩納村内の字名と区名および人口の推移と軍用地料の有無

字名	区名	1965 人口	1980 人口	1990 人口	2003 人口	2012 人口	軍用地料
名嘉真	名嘉真	774	661	721	865	912	○
安冨祖	安冨祖	639	604	627	731	740	○
	喜瀬武原	432	340	396	421	362	○
瀬良垣	瀬良垣	420	415	418	484	547	○
	太田	251	249	275	366	352	△
恩納	恩納	1,155	1,045	1,127	1,162	1,128	○
	南恩納	680	652	769	894	1,137	○
谷茶	谷茶	391	340	361	518	4,543	○
冨着	冨着	272	339	364	409	502	○
前兼久	前兼久	512	556	605	720	765	―
仲泊	仲泊	1,035	1,047	1,189	1,271	1,311	―
山田	山田	922	913	935	1,139	1,149	○
真栄田	真栄田	321	313	317	347	358	○
	塩屋	344	335	358	379	459	△
	宇加治	323	299	307	306	284	△
合計		8,471	8,108	8,769	10,012	14,549	

（注）恩納村役場資料・村政要覧から筆者作成，喜瀬武原は現在，字喜瀬武原である。

は名護市，東は宜野座村・金武町，南は読谷村（よみたんそん）から沖縄市，うるま市と境を接している。恩納村誌によれば「金武間切り」から4村，「読谷山間切り」から8村を割いて合わせ「恩納間切り」としたとある。現在，村内には15の区があり（**表2-3**参照），その他に住民登録は名嘉真区であるが，独自に自治会を形成している「希望ヶ丘自治会」がある。

3　3町村の住民関係

(1) 流入の歴史

現在金武町・宜野座村・恩納村にはそれぞれに「区」と呼ばれる集落があ

る。この中には戦前から旧来の入会権を持つ字由来の区と，かつてはその区内に包摂されていたもののその後独立した区とがある。

　地域の住民関係を示すキーワードに「屋取（やーどぅい）」と「寄留民（きりゅうみん）」がある。屋取というのは17〜18世紀以降，首里・那覇で職や禄を失った士族が中部から北部へと移住し，農家の作業小屋と土地を借りて農業を始めたことからそう呼ばれるようになったとされる。その小屋や土地は，主に本来の地主が住む家や集落から遠い場所にあった。北部ではこの士族の受け入れが比較的良かったということで，先住した士族を頼ってさらに新規移住者が増え，やがて新たな集落や区を形成していった。寄留民の場合はさらに広く，士族の移住だけでなく食糧難対策のための開拓民や他所からの移住者全般を指す言葉である。この2つの言葉は今でも本島における調査の中で耳にすることが多く，この言葉で住民の状況がよりわかりやすくなることもある。

　屋取・寄留民と呼ばれる人々は次のように認識されていた。一時的にこの地に住んでいるのであって，いずれは本来の場所・もといた場所に戻っていく人々なのだという認識である。それは字の住民からみた認識だけではない。特に屋取は士族としての誇りを持ち，いずれは首里に返り咲くという気持ちを支えに慣れない農民生活に耐えていた。一方字の住民は，屋取に土地等を貸し与えている地主に当たるが，士族に対しては平民であり下層である。そうした背景のもと，両者の交流はほとんどない場合が多かった。

　だが地域の住民関係は，こうした旧来の住民と流入住民との隔たりだけでなく，字どうしの交流も限られていたとのことである。かなり近代まで他の字との通婚がなかったという話も聞かれた。地域史に掲載されている村内法の中には他の字の住民と結婚する場合罰則があることが明記されているものもある。また，字特有の話し言葉があり他の字の言葉がわからないケースもあるという。いわば訛りのようなものであろうが，地域の高齢者がそうだというので，明治・大正の時代でも，字の独立性が強かったと推察される。

　対象地域の例として，金武町内には5つの区，宜野座村内には6つの区が存在するが，その11の区のうち戦前の字由来の区は8つである。残りの3区は区になる前はそれぞれこの8つの区内に包摂されており，屋取集落であ

ったもの，開拓集落であったものなど寄留民によって形成される集落であった。恩納村は現在村内の区における住民組織すべてに「字自治会」という名称を付けているが，実際はやや複雑である。前項の**表2-3**で軍用地料の欄に付けられている印をもとに説明しよう。△印の3区は屋取由来の区である。○印のうち喜瀬武原区と南恩納区も屋取由来の区であるが，うち喜瀬武原区（きせんばる）は戦前のいきさつにより字として承認されている。―印の2区は，軍用地料収入はないが字由来の区である。また，屋取集落であっても小規模であるなど今なお独立せず，最初に移住した区の中に包摂され続けている集落もある。

　なお，現在は寄留民も多様化している。ホテルやダイビングショップの従業員，気候のよいときだけ在住する別荘の住民などである。役場は個人情報保護の観点から，新規移住者について区長がたずねても情報を出していない。そのため「区民への〔説明〕責任が果たせない」（〔　〕は筆者）と困惑している区長もいる。前節で恩納村内の区について説明した際，最後に加えた希望ヶ丘自治会はその典型と言える。地籍は名嘉真区になるが在住者は区民ではない。本土復帰の際ニュータウンとして設立された地域であるが，その後の紆余曲折の末，先述したような住民が混住している。この定住者による自治会が近年ようやく役場で認められたが，村内の字自治会は了承していないという。村民の中には，希望ヶ丘が自治会を形成するような一般住民の居住地であるという認識すら持っていない人もいる。また，この地域の定住者の中には自治会を望まない人々もあり，地域運営の方針でもめるなどひとつの地域としてまとまっていない。役場は，長らく希望ヶ丘自治会を認めなかった理由のひとつにこのまとまりのなさを挙げている。

(2) 住民の境界

　各区内の住民間の境界もまた複雑である。区によっては，旧来の住民より流入世帯の割合が倍以上だったりする。区（＝自治会）への加入率は様々で，「区内在住者」が増加しても「区民＝自治会員」はあまり増加していない地域もある。金武町のように住民票が受理された時点で「区民」としてカウントされる地域もあれば，宜野座村・恩納村内のいくつかの区で聞かれるように入区規則を決めている地域もある。その例を挙げてみよう。

A区：当字（あざ）会員 2 名の保証人（20 歳以上の世帯主）を付け，自治
　　　会長（＝区長）に提出し，評議員会に図り，議決後，自治会長は総
　　　会で報告。
B区：当区に 3 年以上居住し，当区の戸主 3 名の保証人を付け，本人が申
　　　請書および住民票の提出を区長に行う。区長は受理後，行政運営委
　　　員会にて承認を得る。行政運営委員会は総会にて報告。
　　　　　ただし，祖先代々から居住している区民の分家の子孫はその限り
　　　ではない。
C区：2 年以上継続して居住している者で，申請書に該当班長を含め区民
　　　である 5 人の世帯主の推薦書を添付して申請。ただし，分家はその
　　　限りではない。

　ここで注目すべきは，B区とC区の但し書きである。つまり，新規移住者
であっても，元々いた世帯の分家およびその子孫については，ノーチェック
で会員になれるということである。また，いったん入区を許可した区民であ
っても区の運営に支障をきたすような言動があれば出て行ってもらうことも
あるという。だが，この規則が現代に即していないとして内容を検討してい
る区もある。
　さらに，後述する軍用地料という収入がある区の中には共有財産の管理団
体を作っているところもある。会員は入会山の入会権保有世帯である。もち
ろんこの権利者団体のメンバーシップはさらに厳しい。冒頭で述べた桐山の
研究は，まさに金武町においてこの入会権をめぐって起こった裁判に関する
問題である。
　図 2-1 をもとに説明を加えよう（図はかなり大まかに表しているので，実
際は町村や地域によって若干の違いがある）。旧区つまり昔からある集落で，
地元では字と認識されている区の中には，字民である旧住民と，後から移住
してきた移住者 1 が存在する。入会権利者団体の会員は限られているので，
旧住民であり，自治会の会員といえども団体の会員ではない住民もいる。移
住者 1 は，旧住民が組織する自治会の会員にはなれるが，権利者団体の会員
にはなれない。一方，字ではない地域の区にもその区が設立された当初から

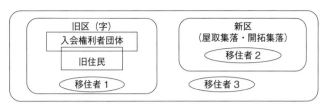

図 2-1　町村内の住民関係の例

の住民がいる。その住民に対して，その後その区に移住してきた新住民が移住者 2 である。移住者 3 は，町村内に住んでいるだけで自治会には加入しないという住民をさす。例えばホテルの従業員や，自治会加入を拒否する住民などである。一方旧区・新区を問わず，区内に移住した者はすべて区民＝自治会員という認識の地域もあれば，自治会に加入しない者は区民と認めないという地域もある。

4　3 町村の軍用地の特性

(1) 米軍基地受け入れの過程

　この地域に戦後軍用地が受け入れられることになる。以下時系列でその過程を追ってみよう。1945 年 3 月本島中部の読谷村に上陸した米軍は，那覇・首里を目指し南下していく。その過程で，主戦場にならなかった北部に島民を収容した。その結果，本島上陸から終戦後にかけて，中南部には次々と基地が建設され，北部には島民や日本軍捕虜の収容所ができた。そのため北部の人口は一時的とはいえ爆発的に増加する。3 町村において，字以外の集落が区になったのもこの頃である。例えば，宜野座村の福山区は**表 2-2** に示すように当初は惣慶内にあった。福山区誌によれば，1946 年の区の人口は3241 名。2020 年 3 月現在の宜野座村の総人口が 6133 名なので，いかに地域にとって驚愕の人口増加だったのかがうかがえる。1951 年締結された対日講和条約により本土は占領を解かれるが「その第 3 条によってアメリカの沖縄占領支配が国際的に容認」（来間泰男 2012: 13）されることになった。終戦後いったんはアメリカに帰還し解散した海兵隊も，朝鮮戦争の始まりにより

1953 年再結成されて日本本土に派遣されることになったが，本土では激しい基地反対運動が展開される。その結果，海兵隊の沖縄移駐が決まり本島北部にも基地の建設が始まる。

　だがここにはもうひとつの背景がある。宜野座村の例を見てみよう。村誌によれば 1955 年村長に新規軍用地接収の予告が行われる。村民は即刻「宜野座村土地を守る会」を結成し反対の意を表明するが，1958 年早々には受け入れの方向に動き始める。そして年末の村議会定例会で「村経済復興促進と住民福祉繁栄をもたらすものと確信し，万場一致軍を誘致すること⁽¹⁾」を決議している。当時沖縄は，住民こぞって「島ぐるみの土地闘争」と呼ばれる基地反対住民運動を県下に展開していた。しかし，1956 年旧久志村辺野古（現在の名護市辺野古）⁽²⁾の土地所有者がキャンプ・シュワブ建設地について米民政府と直接借地契約に応じたのである（熊本 2010）。当時の土地接収は地元の拒否権など無いに等しかった。また，例に挙げた宜野座村より一足早くキャンプ・ハンセンを受け入れたのが金武町であった。当時の金武村議会議員や有志は，久志・辺野古の原野が基地となり歓楽街ができて米軍相手の業者も流入した様子を視察した。そののち部落常会で議論を尽くして金武町への基地受入れを決めたという（金武町 1991: 33）。次にその軍用地と共有地の関係について述べよう。

(2) 共有地と軍用地

　現在沖縄本島北部の米軍基地の大半は米軍海兵隊の演習地であるため，自然のままの山林となっている。そしてその多くが国有あるいは市町村有といった公有地である。その中で 3 町村にまたがる広大な山林を擁するのがキャンプ・ハンセンであるが，この軍用地はかつて地域の入会山であった。

　入会山と入会権に関わる問題は冒頭の難波の研究に詳しいが，ここでは軍用地となったこの入会山について概要を説明しよう。この山林は琉球王国時代すべて琉球王府のものであったが，日常の管理は地元に任されてきた。その代わり山林から得られる産物は一定のルールを決めて住民のものとなった。つまり所有権は王府にあり，使用権は住民にあったということである。そのせいか字住民にとって入会山というこの山林は「われわれのもの」という意

識が高かったようである。入会山は，その後薩摩藩の侵攻や明治維新などの世替わりを経て一時官有化されたが，山林が荒廃し住民の生活も困窮したため地元の字住民に払い下げられる。いわゆる「杣山処分」である。琉球王国時代から山林を利用していた人々は厳しい生活の中から 30 年賦で金を払い，その支払いが終わった時点（大体 1937 年頃とされている）での字住民の世帯に対し入会権を確定させる。一方，生活もやっとの中から年賦を支払うため税金まで支払えないとの理由から，土地の所有は村名義になったという。今でも権利者である字住民は，入会権や入会山について「先祖が苦労して手に入れた土地」「先祖代々苦労して守ってきた」という表現をする。つまり，所有権は官有であるが利用権は住民にあるという旧慣そのままに現在に至っているわけである。払い下げの代金を支払ったのは当時の住民であり，個人の所有のためではなく地域共有の財産として払い戻している。この入会山は，字住民共有の財産であり生活そのものであると同時に薪炭やキノコなどを採取して換金する重要な収入源でもあった。そうした戦前の入会山からの収入が，戦後入会山が軍用地に替わることによって，軍用地料収入に替わったわけである。

　米軍基地はたしかに迷惑施設であり事故や山火事などのトラブルは絶えない。聞き取り調査の最中にも砲弾の音が聞こえ，調査期間中にはヘリ墜落事故も起きた。しかしその迷惑施設は同時に地域の財産源になっていることもまた事実である。実際それは 3 町村の予算の少なからぬ割合を占め，基地関連の事業も多い。基地の急な撤退は自治体の死活問題に直結するのではと懸念する住民もいる。その意味でも 3 町村における軍用地と住民関係の問題は，本島内で軍用地を受け入れている他の地域とは少し違う。次節でその要因について述べよう。

5　軍用地料配分と住民の境界

(1)　3町村内の分収金制度
　まずこの分収について簡単に説明しよう。林野庁によれば，林業制度で国有林の中には，造林者（国以外の者）が，契約により国有林に木を植えて一

定期間育て，成林後にその木を販売し，収益（販売代金）を国と造林者とが，予め契約した一定の割合で分収するという分収造林制度がある。対象の軍用地は入会山とその山林であることから，この分収林制度にならっている。つまり所有権を有する町村と使用権である入会権を有する字住民とが，入会山である軍用地の賃貸料すなわち軍用地料という収益を決められた割合で分収するのである。よってこのシステムは分収金制度と呼ばれている。

　沖縄本島の軍用地は，国有地でない限り借地である。そのため借地料すなわち賃貸料である軍用地料が軍用地の所有者に支払われる。軍用地料はその軍用地の立地条件によっても金額が変わってくるが，北部の場合は，面積が広大なので必然的に支払われる金額も大きくなる。3町村の軍用地の所有者は3町村である。よってこの軍用地は公有地となっている。だが字住民すなわち現在は軍用地になっている入会山の入会権を持つ住民は，その収益である軍用地料を得る権利を主張する。かつて杣山処分の際，先祖が苦労して買い戻した功績がその主張の正当性である。その結果，この軍用地の軍用地料は，自治体と入会権保有世帯により分収されることになった。

　先に記載した3町村の**表2-1〜2-3**を参照して各区の軍用地料収入について述べよう。各表の中で〇印は軍用地料が入る区，一印は入らない区，△印は独立前にいた区から分配のある区である。入会山とその入会権を持っている地域は主に字由来の区であるが，恩納村の南恩納区や喜瀬武原区のように屋取集落であっても直接軍用地料を受け取っている区もある。この2つの区では，軍用地料は区民全体に還元されるように使われているという。金武町では，軍用地料が入っていない区が，かつては他の区民同様入会山の仕事をしていたとして，軍用地料を得る権利があると主張し裁判が行われた。これは桐山が事例として挙げた裁判とはまた別である。軍用地料収入のない区の中には，裁判を起こした区と同様戦前は権利者と共に山仕事をしていたのに現在は排除されていることに不満を持つ区もある。ただ恩納村内の一印の2区については不満が聞かれなかった。なお金武町には「旧慣による金武町公有財産の管理等に関する条例」が制定されており，町と入会権利者団体による軍用地料の分収についての事項が定められている。町職員は採用の際，初任者研修において説明を受けよく理解したうえで業務にあたるよう配慮され

ているという。

この軍用地料収入がある地域には，**3**で述べたような財産管理団体の存在
がある。金武町・宜野座村はその存在がはっきりしており，名称も，各区の
名前を冠して「○○共有財産管理会」「△△杣山権利者会」「○○財産保全会」
「△△入会権利者会」などがあり，それぞれに会則を持ち，区事務所とは別
に管理団体の事務所を持っているところもある。恩納村についてははっきり
しない。たずねても回答を拒まれる場合が多く，役場も「把握していない」
という。軍用地料はまず自治体に入り，その後決められた割合で分収する区
に入る。ある区の区長は「区はトンネルだ。」と語る。区に入った軍用地料は
そのまま管理団体へ流れるからである。このシステムは区によっていろいろ
である。先述したようにすべて区の予算に入るところもあれば，管理団体に
入った後，改めて決められた額，あるいは区が要望した額を区の予算に配分
するところもある。各自治体は軍用地料収入の有無による区の格差を是正す
るため，軍用地料が入らない区に対し行政補助金を出している。しかしこの
補助金についても不満を持つ権利者団体があるという。本来全額地域に入る
はずの軍用地料が，自治体と分収されているために自治体に入った分から権
利のない地域に支出されると考えるようだ。

(2) 分収金制度と住民の境界

恩納村における財産管理団体の存在は不明であるが，中に次のような例を
話してくれる区があった。地域の高齢者すなわち入会権を持つ人々から，金
武町や宜野座村のように先祖が守ってきた権利と財産を今後も守れるよう権
利団体を作ってほしいと要望がある。要望をしている人々は高齢であり，何
とか自分たちが生きているうちに安心したいと言う。その気持ちはわかるが，
それを作ることによって区内の住民の間に利益の有無という境界があること
が明確になり，そのことによって区内の住民関係に支障をきたすことは避け
たいので悩んでいるというのである。また別の区では，地域のことに一生懸
命取り組む住民には利益を得る権利がなく，利益を享受している住民の中に
地域のことに無関心で非協力的な権利者がいると嘆く区長もいる。かつては
字＝区民＝自治会員＝入会権利者であった住民構成も，所有と移動が自由に

なった現代においては徐々にそのバランスが変化している。軍用地料に関わる恩恵の有無は，それまで明確でなかった住民間の境界を可視化することになる。

　高額の軍用地料が発生するまでは，流入してきた住民の中には入山の権利を間接的に買ったり，共に山仕事をしてきたこともあったという。しかし現在はそれぞれの財産管理団体で規約を決め会員を限定している。当初入会権(3)は権利世帯の戸主だけに許される権利であった。後継ぎである長男といえども戸主の死亡による相続でしか権利を得ることはできなかったという。また長男がいる限り次男三男に権利は与えられず，まして女子孫は実家にそのような権利があることさえ知らなかった事例もある。この事例はもうひとつの背景を含んでいる。女子孫を権利から外すのは，女子孫が婚姻によって他所の人間すなわち区外出身者を地域に入れる可能性が高くなることを危惧しているからというのである。

　会員かどうかの境界を決める規約については，女子孫だけでなく次男三男という分家を包摂するかどうかという問題もある。先述した裁判の経験を経るなどして，現代では規約を改定せざるを得ないケースが増えてきている。その中でメンバーシップをいかに限定するかについてよりいっそう腐心することになるのである。例えば規約のひとつに「区内に在住すること」という規定がある。この場合次男三男などの分家を地域内に住まわせたいが，地域内に宅地が少ないと困っている区もあった。また，一方で分家であれば他の地域に住んでいても，自動的に生まれ育った区の自治会員になれるというケースもある。

　地域によっては，最も基地に近くしたがって基地被害にも近い地域が，軍用地料収入のない区となる場合もある。権利のある住民の中には「一緒に山仕事をしてきたから軍用地料の配分をしても良いのではないか」と語る高齢者もいるという。しかし，地域によってはこうして実際山仕事をしてきた住民ではなく，その子にあたる人々が軍用地料を囲い込もうとする傾向が強いともいわれ，逆にその孫の若年層はそこまで権利にこだわることもなくなってきているともいう。

6 考　　察

(1) 軍用地受入れ以前の住民関係

　ある史誌編纂室での聞き取りによれば，行政区と字の区別をはっきり把握して話さないといけないとのことであった。職員は編纂のために地域内の各所で聞き取り調査をしているのだが，その際うっかり字由来の区でないところのことを「字○○」などと言い間違えるとすぐ訂正されるとのことであった。また，本島南部では復帰の頃できたニュータウンや団地の自治会がそれほど時間をおかずに行政区になっていることに対し，この3町村ではそのようなことはまずありえない。人数や世帯数の増加，移住者の希望だけで自治会や区として承認することへの強い抵抗があると考えられる。それは自治体の方針というより，地域住民，さらに踏み込めば字由来の，共有財産へのアクセス権を持った，地域住民の意向であると推察される。字の運営に対する住民の意識の高さは現在の区の運営にも大きく影響している。「字」であることの誇りが「区」であることの誇りとなっているのである。つまり区になり自治会運営するということはそんなに簡単なことではないという認識なのである。遡れば現在のように字以外の集落が区になったのは，戦争による人口増加が原因とも言える。これまで字の中に包摂していた集落が，字と対等な区になったことに納得できていない不満がいまだにくすぶっているようにもみえる。自治体からの行政補助金に対するクレームも，金銭的な問題だけでなくその不満の表れではないかとも考えられるのである。

　一方で字由来でない区においても，字由来の区の住民が共有している字の意識と同様の地域自治への意識の高さ・強さがみられる。旧来の字にならったということでもあろうが，むしろ対抗する気持ちから来ていると言ったほうがいいかもしれない。もとは士族であるという誇りや，開拓の強い意志を持って努力してきた人々の集落である。字でなくても「自分たちの地域は自分たちで守っていく」という自治への意識の強さに違いはないと考えられる。そしてそのような字ではない集落の存在が，さらに字の住民の結束を強化することにつながったとも考えられるのである。

(2) 軍用地受入れと分収金

　米軍基地受け入れについては，山林の登記の大半が町村名義であり地域の共有地であったことが同意を比較的スムーズにしたといわれる。同時に土地接収が売買ではなく賃貸であったことも大きな要素であったのではないだろうか。つまり米軍が撤退すれば返還され土地をなくすことはない。さらに貸している間は賃貸料が入ってくる。当時は中南部にも基地が建設され，雇用と収入を求めて地域住民が流出していた。地域に収入源ができれば，働き口がなく流出した住民がまた地域に戻って生活できる。しかしその結果，山林という自然界の限られた資源を共有し継続するために必要だった入会権は，軍用地料分収という利益のみに対する権利となった。もちろんその入会権が今までの山林からの恩恵に代わって多額の軍用地料を生むとともに，人手の必要な山林の管理という作業がなくなったことも大きいだろう。入会山が軍用地に替わるまでは，維持管理にも人手が必要であり，入会権の有無にかかわらず山の仕事も恩恵も共有されてきた。それが必ずしも平等でなかったとしても，そこに新旧の住民の境界はそれほど明確でなかったのではないだろうか。しかし入会山が軍用地に替わり，山の維持管理の仕事はなくなった。そして働かなくても入会山は軍用地として収入を生むのである。ここに，権利を限定し恩恵も囲い込む排他性が生まれたわけである。

　だが筆者は調査を進めるにつれ，ただ単純に多額の軍用地料を囲い込みたいだけではないのではないかと考えるようになった。元々島という限られた土地の限られた資源を利用するうえで，共有はそれらをより長く維持存続させる知恵でもあった。沖縄本島は入会山のみならず，土地全体が地割制度というシステムにより共有されてきた歴史を持つ。人であれ物であれ，限られた地域資源を大切により長く維持存続させるために必要なシステムは結果として排他性を備えることになる。そして今でも地域にとって守り続けるべきものはこの地域の人をつなぐ地域の資源である。つまり地域を守るための軍用地容認であり軍用地料なのである。

(3) 住民関係の変容

　この地域には軍用地を受け入れる以前から，すでに旧来の住民と屋取も含

めた寄留民との住民の境界が存在したわけである。そこに戦争を境に軍用地が発生した。地域住民のつながりの場でもあったはずの入会山は軍用地となった。さらに軍用地料が発生したことで「権利と利益の境界」が生まれた。その境界はそれまで曖昧であった住民間の境界を「旧住民と流入住民」「受益者と非受益者」という性格で可視化することになる。また，入会山の頃は山の管理の対価としての利益であったものが，今は利益だけが権利者のみに入る仕組みになっている。その正当性は，後から入ってきた移住者が定住しない寄留民として捉えられ，そのような一時的な住民は先祖代々大切に守ってきた共有財産を分配する対象ではないという認識にあるといえる。ある権利者会の職員は「土地という共有財産を守ることが大事」と述べる。地域にとっては持続こそが重要なのである。

　3で述べた区への参入条件は，好ましくない移住者を排除するための条件であると同時に，地域にとって好ましい住民を包摂するための条件でもある。地域の規約を受け入れる住民が増えることは地域の方針を肯定する住民が増えることになる。見方を変えれば参入条件を厳しくすることは，必ずしも共有財産を囲い込むためや新規移住者を排除するためだけに存在するわけではないのではないだろうか。かつて入会権を持つ者の条件として山林の管理・保全が義務付けられてきたように，区民であるためには区民としての義務を果たすことが求められる。つまり地域の旧慣を受け入れ，地域の方針に同化する意思を持てるかどうかが2年から3年の居住期間における実績で判断される。さらにそれが代々住んでいる住民に保証されることによって区民としての受け容れが可能になるのである。分家やその子孫が特別扱いになることも，不公平とはいえ分家やその子孫に何かあった場合は本家がその責任を負うことが前提条件となっているからであろう。軍用地料配分に関わって，分家が本家と同じ区内に移住してくることで，さらに地域の自治もしくは入会権を含む旧慣の肯定が強化されていくのである。

　ただ，一方で区内の住民関係は確実に変化している。前節でも述べたように新規移住の住民と旧住民のバランスが変化し新規住民のほうが区の運営に協力的である場合，区長はその狭間で矛盾を感じることも多くなるだろう。さらに区内に財産管理団体がある場合その権力は大きい。区内で何か事業を

計画しても団体から待ったがかかる区もある。新旧住民の格差をできるだけ緩和しつつ，地域の財布を握る財産管理団体をうまく説得して予算を引き出していくなど，区長には有能な中間管理職としての役割も期待されるのである。この3町村の区長はいずれも専任であり選挙で選ばれる。任期は一応2〜4年であるが再選によって10年，20年務めている区長もいる。区長は常勤であり区事務所には書記や会計などの職員が常駐している。つまりそれぞれの区＝自治会がひとつの自治体組織のように機能しているのである。

7　まとめとして

　以上のように，現在この軍用地はその特性から金武町のみならず宜野座村・恩納村でも住民関係に排除と包摂の境界を引いている。しかし，自分たちの地域内のつながりと持続を重視する社会が存在し，その意識がその地域の住民による自治の強さの基盤となっているという事実もまた確かである。冒頭の難波は，そのことによって地域の分断が起きるのではないかと懸念している（難波 2013: 43）。また桐山が指摘するように，巨額の軍用地料が一部の住民に流れ込む仕組みという点から見れば，たしかに金のために排他的になりその収入を生む軍用地にしがみつく地域住民に見えるかもしれない。冒頭では触れなかったが沖縄国際大学名誉教授来間泰男は，沖縄における軍用地が生み出す不労所得の問題について危機感を持ち厳しく言及している（来間 2012）。この地域においても，金銭本位の価値観にとらわれている住民の存在は否定できない。同じ自治体の住民でありながら格差や不公平を看過していいのかという指摘もあろう。希望ヶ丘自治会の問題もそのひとつであるし，それらへの答えは今後の課題でもある。だがここではあえて，島という限られた空間と資源の中で人間が生活を維持するにあたって，すべてを受け入れ平等公平を全うすることには限界があると考える。そこで踏ん張っているのが字の存在ではないだろうか。そこに，本土ではほとんど形骸化している字のリアリティが見て取れるのである。

　(1)　『宜野座村誌　第1巻　通史』1991年，507。

(2)　普天間基地の移設先予定地。1956年キャンプ地区の使用が開始された。

(3)　会員・財産・基金・規則規定などの他，役員・評議員会・監査委員会・事務・
財務などが定められている区もある。

■参考文献

金武町，1991，『金武町と基地』，33。

桐山節子，2018，「沖縄の基地と地域——軍用地料問題と女性運動」『社会科学』47（4），
同志社大学人文科学研究所。

熊本博之，2010，「基地が沖縄にもたらしたもの——名護市辺野古を事例に」『沖縄学
入門——空腹の作法』昭和堂。

来間泰男，2012，『沖縄の米軍基地と軍用地料』榕樹書林。

牧野芳子，2015，「自治組織と「排除」に関する一考察——沖縄本島北部における共有
地をめぐる問題」『佛教大学大学院紀要　社会学研究科編』43。

———，2019，「沖縄本島における「字」のリアリティ——南部ニュータウンの事例
をもとに」『佛教大学大学院紀要　社会学研究科編』47。

仲間勇栄，1984，『沖縄林野制度利用史研究』ひるぎ社。

難波孝志，2013，「沖縄の軍用地におけるコモンズの諸問題——杣山の軍用地料分収
金をめぐる諸相」『大阪経大論集』63（5），大阪経大学会。

瀧本佳史・青木康容，2012‐2017，「軍用地料の「分収金制度」（1）〜（11）」『佛教大
学社会学部論集』第55‐65号，佛教大学社会学部。

田里友哲，1983，『論集　沖縄の集落研究』離宇宙社。

第3章
属人的住民自治組織と行政区
──読谷村の住民自治組織の変容──

杉本　久未子

渡慶次自治会則
第3条　本会の区域は，読谷村字渡慶次区行政区域とする。
第5条　本会の区民は，第3条に定める区域に住所を有する個人をもって組織し運営する。
2　この会則の施行の日の前日において，第3条に定める区域外に住所を有し現に渡慶次区民であった者については，引き続き本会の区民となることができる。
3　この会則の施行前に読谷村外に住所を有していた従前の渡慶次区民が，この会則の施行後，新たに読谷村内に現に住所を有することとなり，本会に入会を希望する者については，第1項の規定にかかわらず入会することができる。（『渡慶次の歩み』より。強調は筆者）

1　米軍基地と読谷村の住民自治組織

　沖縄の農村は地割制度や杣山などの生産手段の共同性が近代まで残存し，同時に井戸・遊び場から祭礼・地域行事まで生活の共同性が強く維持されてきたところである。納税の義務が字単位で設定されていたことも共同性を強めた要因であった。明治政府による町村制の施行によってシマは字に，間切は村に呼び名は変わっても，住民たちは字をひとつの単位とした住民自治を維持してきた。つまりひとつの空間的範域が人々の生産と生活の基盤として

確立しており，そこに立ち上がる社会関係が作られていたと言える。

　ところが太平洋戦争末期の沖縄戦を経て，米軍の占領下に置かれた沖縄では，多くの字が米軍基地として土地を接収され住民は生活の空間的基盤を失うことになった。元の居住地を追われた住民は，返還された用地にひしめき合い，あるいはいくつかの地域に散在して居住せざるを得ない。そのために元の住民たちをどのような基準で組織し，住民自治を維持するのか，さらに行政制度の下に組み入れていくのかが課題となる。

　米軍の上陸地点であり，基地に多くの土地を奪われた沖縄県中部では自治体によりその対応に違いが見られた。北谷町では，以前の字とは関係なく新たに行政区を設定して現実に居住する空間的範域により住民を組織化した。そのため住民たちは郷友会を組織して戦前の字のつながりを維持した。また，浦添市では郷友会型の自治会と居住地をベースとした自治会が併存することになった。読谷村では，北谷町とは逆に戦後の居住地ではなく戦前の字への所属を住民組織の基礎とした。その組織原理は現在も維持されているところが多く，冒頭の渡慶次自治会則に，現住地のエリアに関わらない区民の条件を示す典型例を見ることができる。

　本章の目的は，そのことが読谷村の住民自治にもたらしたものを確認するとともに，その後の基地返還や都市化の進展がこの住民組織のあり方に見直しを迫るようになったことの意味を検討することにある。以下2では戦後の読谷村の再建過程を簡単に振り返り，それが属人的住民自治組織を生み出したことを示す。3では，読谷村における属人的自治組織の現状を，米軍基地との関わりなど戦後の歴史的展開を踏まえて紹介する。そして，4では軍用地の返還と都市化の進展により，新たに導入された行政区制度の概要と住民の受け止めを紹介する。5では，以上のまとめとともに，読谷村の住民自治組織の今後を展望したい。

2　読谷村における属人的自治組織の形成

(1) 戦前までの住民自治組織の状況
　1632年頃の「おもろそうし」では，読谷村には大け，ふるけも，とけす，

図 3-1　読谷村の字（地名）

おさ，せなは，あか・ねは，ひる，くらはの9つの部落（字）があったとさ
れる。そして1673年に恩納間切が創設された時点では，喜名，座喜味，伊良
皆，渡具知，比謝，大湾，古堅，波平，上地，高志保，渡慶次，儀間，長浜，
宇座，瀬名波，楚辺の16部落（字）であった。その後1946年までに牧原，
親志，長田，大木，比謝矼，都屋の6つの字が創設された。比謝矼は比謝川
河口に店を構えた商業者が形成し，都屋は糸満漁民を中心に周辺からの移住
者が座喜味から独立したものである。そして他は，首里からの移住者（屋
取）たちにより形成された集落が，新たに字として認められたものである。
図3-1はその22の字の領域を示したものであり，現在もこの地名が読谷村

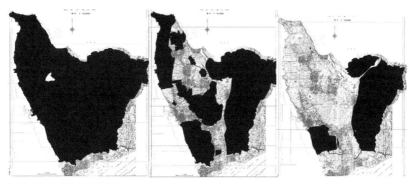

（出所）資料提供：読谷村。

図 3-2　読谷村の米軍基地の変化（1946 年・1972 年・2016 年）

の住所表示で使用されている。

(2) 戦後の字の形成

　戦後，読谷村の住民が帰村を許されたのは 1946 年 8 月である。当時の知花村長のもとに 600 人に及ぶ読谷村建設隊が組織され，帰村許可区域となった高志保・波平の一部に規格住宅を建設していった。第 1 次移動は同年 11 月に始まり，48 年 4 月の第 5 次移動をもって大部分の村民が読谷村への帰還を果たしている。帰還当初は，許可区域に 1.5 万人もの住民が密集雑居していたが，その後，許可区域の拡大，軍用地の返還などによって住民の居住区域は拡大していった。**図 3-2** に示すように 1946 年には約 95％を占めていた米軍基地（黒塗りの部分）は，本土復帰時の 1972 年には約 73％となる。そして中央部を占める読谷補助飛行場等の返還によって 2016 年には 36％になったのである。

　住民たちは，自らの部落の所有地（地名としての字）の一部が開放されると，そこへ移住し村屋（公民館）を再建し周辺に住宅を建設して，自分たちの集落を形成していった。例えば，座喜味ではまず東部にあたる東川（トーガー）が開放され，そこに帰り公民館を建設した。その後基地の返還により現在の公民館周辺の土地に多くの住民が戻り，4 つの班を形成している。しかし，東川に残る人もいたため座喜味は現在も 5 班の構成になっている。かつての集落の

中心部が基地として接収されたままの集落では，残りの土地に住民が移住してそこに村屋を建設した。また，嘉手納弾薬庫として集落の中心であった国道58号の東側を接収された喜名は，国道西側の西原，中原に新たな村を形成した。

　そして，字の全域が基地に占拠されている集落では，他の字に土地を借りたり購入したりして新たな居住地を形成していった。集落がボーローポイント飛行場として接収された宇座では，高志保，長浜の一部に土地を借りて集落を作っておりそこが生活の拠点となった。後に元の集落の土地が返還されて宅地が整備されたが，そこには集落の二三男が生活している。嘉手納弾薬庫に集落のすべてを接収された牧原では，人々は村内の各地域にばらばらに住んでいたが，30世帯ぐらいが比謝に土地を共同購入し，周辺から移住してきた。弾薬庫の用地は近年返還されたところもあるが，所有権が認められず帰る目途は立っていない。

　移動が複数回に及んだ集落，再建した村が再接収され再び移住を余儀なくされた集落もある。この移動の過程において，旧字住民たちの居住地は分散した。また，すべての住民が居住するには狭すぎる土地しか確保できなかった集落もあり，現在でも住民が複数の字地に分散居住している字がほとんどである。

(3) 属人的住民自治組織の意味

　沖縄の字は生活の単位であるとともに信仰や祭り，行事の単位でもあった。戦後の村の再建も字を単位に行われている。精神的なつながりを持ちながら村内に分かれて居住する読谷村の住民たちが結合する基盤は現在の居住地ではなく，戦前の字でのつながりにならざるを得ない。つまり読谷村の各字の旧住民は，分かれて住んでいても御嶽や墓地を共有する旧字の結合を保持し，共通の自治組織に所属するようになったのである。もとの字の共同性を「一定の空間での共住」という形で実現しえなかった戦後の基地問題が，「属人的住民自治組織」(仲地 1988) に帰結した。そして読谷村も，この属人的自治組織を地域住民自治組織（自治会）として村行政の中に位置づけ，住民自治の末端組織としたのであった。

ここには，「こうした地域組織の編成のもっとも重要な要因は，母字の外で借地借家住まいをしているものの多いことや，基地内に旧住民の共有地があり，字への基地の地代収入が大きい場合が多いこともあろうが，何よりも母字への復帰によって，いつの日にか，字を文字通り属人属地一体化の形で復元したいという住民の願いがあるといってよいだろう」(高橋 1995: 291) という分析が妥当する状況が存在した。字に結集した住民たちの思いが，反基地闘争を行う自治の村「読谷村」を支える原動力であった。

3　自治会の現状
——基地返還と都市化の中で——

(1)　自治会の概況
　読谷村の自治会は，1980 年代に楚辺から大添が独立し，親志から分離した横田が 2014 年に自治会として承認され 24 自治会になっている。すべての自治会が活動拠点として，規模や設備には違いがあるものの，公民館を所有する。そこには会長，書記，会計，用務員（使丁）などの専任職員が常駐し，住民活動のサポートや行政情報の提供を行っている。規模の小さな自治会では会長が非常勤だったり，役員が交替勤務するところもある。
　このような常駐職員や施設の維持が可能なのは，自治会が活動を支える財政的裏付けを持っていることにある。自治会費に加えて行政からの交付金があり，さらに住民からの寄付金や基地収入が自治会財政を豊かにする。**表3-1** は 2014 年度の各自治会の歳入歳出を示したものだが，最低でも 200〜300 万円程度の歳入があり，財政規模の大きい自治会では歳入は数千万円にも及ぶ。それが役員の給与はもちろん，多様な団体活動や年間行事の財源となっている。
　自治会の下には，子ども会，青年会，婦人会，老人会などの年齢階梯別の団体のほか，農事実行組合などの経済団体，芸能保存会などの文化活動団体が存在する。団体の代表は評議委員会の委員として自治会の運営に関わるとともに，団体交付金を受けて活動する。また，自治会を中心に，様々な年間行事が行われる。総会資料から自治会活動が着実に継承されている北部の字

表3-1 自治会の歳入と歳出

自治会	世帯数	歳入総額	自治会費	財産収入	補助金・交付金	その他	歳出総額	給与手当て	活動費	団体助成
長浜	347	11,637,323	3,824,140		3,882,791	3,930,392	9,728,275	5,355,901	1,390,483	490,000
瀬名波	321	8,157,867	3,652,900		2,554,143	1,950,824	6,789,337	3,981,645	308,848	1,358,000
宇座	389	17,701,594	7,082,000	792,174	3,319,492	6,483,828	15,135,065	6,919,546	824,017	480,000
儀間	261	7,800,174	3,500,000		2,450,174	1,758,910	6,756,482	4,659,192	338,247	560,000
渡慶次	438	24,721,247	4,982,760	34,657	4,406,708	15,297,122	23,334,014	10,103,459	5,842,490	3,175,000
上地	27	3,283,384			1,324,327	1,959,057	1,265,693	524,352	70,000	–
都屋	223	10,868,643	3,629,450		2,100,336	5,138,857	9,040,601	3,486,521	869,428	910,000
高志保	493	12,858,967	6,585,465		3,077,232	3,196,270	12,311,418	6,825,500	1,684,202	1,050,000
波平	831	27,428,455	9,709,300	1,998,687	6,875,068	8,845,400	23,855,933	9,391,332	5,500,003	1,305,000
親志	71	4,219,059	851,000		1,836,230	1,531,829	3,930,071	2,126,028	438,817	240,000
座喜味	513	20,715,597	6,850,970		7,945,402	5,919,225	17,739,013	9,934,836	2,017,519	2,105,000
喜名	633	32,607,695	6,313,700	13,795,767	6,333,137	6,165,091	27,478,223	12,990,819	4,673,265	1,650,000
長田	37	2,114,342	532,800		1,368,235	213,307	1,992,396	1,315,835		70,000
牧原	80	5,580,194	1,272,000		3,183,715	1,124,479	4,882,048	3,499,000	403,622	140,000
大添	232	6,181,371	1,671,000		3,404,368	1,106,003	5,751,769	2,885,930	682,167	392,485
伊良皆	280	31,381,409	1,481,570		6,662,994	23,236,845	26,212,328	11,065,965	1,790,469	3,500,000
大木	286	15,358,090	4,348,500	16,500	6,992,318	4,000,772	13,412,299	8,702,529	1,771,288	480,000
楚辺	818	71,837,785	4,209,310	38,231,794	11,221,449	18,175,232	69,391,435	23,228,756	5,538,999	6,550,000
比謝矼	51	5,993,592	396,000		4,875,683	721,909	5,790,631	1,629,413	9,500	50,000
比謝	150	10,086,594	1,942,260	215,500	5,306,250	2,622,584	9,662,794	2,984,695	3,726,752	230,000
大湾	190	7,920,035	3,394,000		2,516,267	2,009,768	7,205,882	4,160,000	159,732	450,000
古堅	242	10,328,529	2,486,305	348,570	4,528,096	2,965,558	9,204,825	5,991,857	436,765	640,000
渡具知	313	12,060,927	4,116,690		4,514,722	3,429,515	9,736,231	5,753,702	753,195	450,000
横田	208	3,478,667	1,196,800		119,169	2,162,698	2,345,647	600,000	384,358	–

（出所）『読谷村自治会振興基礎調査報告書』をもとに作成。

座自治会の行事を見ると，学事奨励会，区民運動会，旧盆エイサー，敬老慰安会，生年合同祝があり，地域活動として，ゆいまーる共生事業，チャレンジデー（健康づくりイベント），産業視察，技能研修，振興会が，祭祀等として清明祭，慰霊祭，解御願，初御願があげられており，生産と生活の広い範囲にわたっていることが確認される。

読谷村行政からの支援も厚く，広報配布などの行政事務委託料，年間自治会事業に対する地域振興交付金を受け取るほか，特別なプロジェクトには「読谷村ノーベル平和賞を夢みる村民基金」からの助成もある。

(2) 米軍基地返還と住民生活の変化

基地の返還により用地を確保して生活基盤や産業基盤を整備してきた読谷村では，基地の有無，基地返還の時期，跡地利用の仕方等が住民生活に大きな影響を及ぼしてきた。戦後の一定期間，米軍基地は雇用面（基地労働），軍関係者を対象とした商業・サービス面，そして基地内での農作業（黙認耕作）という形で住民生活と深く関わった。また，復帰後には，基地維持のために軍用地料の値上げが行われ，基地に接収された土地所有者（軍用地主）は，一定の収入をそこから得ることができるようになった。さらに基地返還が進むようになると，返還地の有効活用・再開発が住民生活や自治会活動に影響を及ぼすようになっている。

現在でも一定数の基地雇用は存続し，若者にとっては安定的な就業先として評価されている。黙認耕作については読谷補助飛行場の返還によって対象地が減少したが，トリイ基地や嘉手納弾薬庫などで高齢層を中心として農作業が継続している。軍用地料は，地主の生活に一定の影響を与えるとともに，共有地として軍用地を持つ自治会の活動財源として大きな役割を果たしてきた。そして基地返還とその跡地利用が地域に変化をもたらしてきた。

読谷村では，「農地は農地に，宅地は宅地に」というキャッチフレーズが示すように，接収前の用途復元を返還地利用の基本原則としてきた。そして，かつての用途に従いながらより適切な利用を行いうるように，土地改良事業，復帰先地先事業，区画整理事業などを実施してきた。

例えばボーローポイント飛行場などの返還があった西北部では，土地改良

事業によって大規模な圃場，灌漑設備が整備されサトウキビ栽培が大型化している。さらに，農業用ハウスが建設され果樹や花卉栽培が始まった。当時の青年たちが栽培グループを形成し「太陽の花」など本土への出荷も行われていた。読谷村中央の補助飛行場跡地では，約3分の1が公共用地として残りが農業用地として開発が進められている。農用地では第1期の改良事業が終了し，所有権回復を目指す元地主たちによって5つの農業法人が設立され，サトウキビ，紅芋，ニンジン，キク，マンゴーなどの栽培が行われている。

　造成された宅地へは，当初は多くの住民が帰還を果たしたが，他地域での定住が長くなるに伴い，現住地の土地を購入する人も増加する。近年では新たに造成された宅地は二三男が居住する以外は販売されるようになり，そこに住宅を求めて嘉手納町や沖縄市などからの移住者が住むようになっている。また，残波岬周辺など農用地に適さないが風光明媚な地域では観光開発が行われて，リゾートホテルやゴルフ場が建設されている。これらの施設が地元住民に雇用の場を提供したり，借地料収入として自治会活動の財源となることもある。2020年7月には，儀間に「星のや沖縄」が開業した。

　このような状況に対応して，読谷村の返還地利用の基準も変化しつつある。2008年に策定された「第二次都市計画マスタープラン」では，南部を都市的市街地地域にすることに決定した。それを受けて嘉手納弾薬庫の一部返還地においては，「大湾東土地区画整理事業」が進行中である。国道58号に接するという立地の良さを生かして，サンエーを核とする複合商業施設が建設され近隣から顧客を集めている。周辺に整備された住宅区画も，保留地のすべてを完売するなど良好な売れ行きを示している。さらに，大木地区でも商業地と住宅地による「大木土地区画整理事業」が進行中である。

(3) 米軍基地がもたらす自治会活動の違い

　自治会の活動はその保有する資源によって大きく影響される。読谷村の自治会の活動を基礎づける重要な要素は，空間的基盤である領域と米軍基地との関係，さらには軍用地の保有も含めた財政状況である。また，沖縄本島南部における都市化の進展も読谷村の自治会活動に一定の影響を及ぼしている。

　筆者は2014年から2016年の春と夏の時期を利用して，読谷村の20自治

会の会長へのインタビューを実施した。以下では、軍用地の有無や都市化の状況による自治会活動の特徴を示すために楚辺自治会（大規模基地が存在）、宇座自治会（基地返還・集落分散）、比謝自治会（基地返還・都市化進展）、大木自治会（基地一部存続・屋取集落）、大添自治会（基地用地無・新規形成自治会）、牧原自治会（基地内に字有地・所有権無）の6つの典型例を紹介したい。

楚辺自治会は読谷村南部に位置し、トリイ基地を有する読谷村最大規模の自治会である。2014年の会員数は818世帯、歳入額が7183万円で、うち3823万円が財産収入である。トリイ基地の接収により碁盤目型の80〜100坪の宅地を形成した新集落に居住しており、現在も400人程度の黙認耕作者がいる。アパート居住者で自治会未加入者が多くなっている。設備の充実した立派な公民館を持ち、常勤職員は5人、それに加えて夜間や図書館対応の非常勤職員がおり、これらの人が交替で対応することで、夜間・土日の公民館利用も可能となっている。自治会行事や団体助成も充実しており、共有財産の権利関係を明確化するために10年前に地縁法人となっている。

宇座自治会は読谷村の西北部に位置し、読谷村を代表する観光スポット残波岬を有する。2014年の会員数は389世帯、歳入額は1770万円と比較的多い。戦後基地用地に接収されたことから、高志保地番に公民館を建設しその周辺に住民が居住した。基地返還により土地改良事業や復帰先地整備事業によって農地と宅地が整備され、リゾート地も開発された。自治会員は高志保地番の公民館周辺と元の宇座地番に整備された宅地に分かれて居住する。軍用地料収入はなくなったが、ホテルやゴルフ場の用地を借地とすることで地主には一定の賃料が入る仕組みを作っている。自治会には各世代代表、各種団体の長など36人で構成される行政委員会があり、戸主会も開催されるなど自治会のまとまりは強い。前述したように、伝統行事や祭祀の継承にも熱心であり、組踊を復活させる試みも始まっている。

比謝自治会は南部に位置し、インタビュー調査当時は女性の自治会長が活躍していた。会員数は150世帯、歳入は1009万円である。この年は補助金を得たためにこの額になっているが、軍用地などの共有財産がないので予算的には苦しいという。そこで長く会計をしていた女性が会長を兼任すること

で常勤体制を整えた。戦後の移住の経緯から大木に今も居住する会員がおり，逆に米軍の再接収で追い出された渡具知の住民が地域内の西原に住む。近年は村外からの移住者も多く，自治会加入率は 50% を切っている。自治会メンバーの世帯は子どもが少なく，集会の集まりや清掃活動などの参加者も 9 割近くが高齢者になっている。移住者の中には外国人もおり，地元住民との交流や宅地敷地の管理などに問題があるという。会長は，高齢者向けの朝市を開くとともに，外国人対応として一定の規則を村が作ることを求めるなど女性目線の活動を行っている。

　大木自治会は楚辺の東側に位置する。首里から移住した士族が形成した屋取の集落で，伊良皆，比謝，楚辺からの計 61 世帯により 1935 年に形成された。会員数は 286 世帯，歳入は 1536 万円である。農地が少ないために学問に力を入れ，ハワイやボリビアへの移民も輩出している。住民はかつて軍作業で生活していたが今は自営業や会社勤務も多くなっている。読谷補助飛行場の昔の地主が農業法人を作っている。すぐ近くに小学校があるなど教育環境が整っているため，次々にアパートが建ち，年間 20〜30 世帯が入ってくる。新住民に対しては，自治会員ではなくても子ども会には入ってもらうようにしている。外国人住宅も建設されており，交通事故も発生している。伝統行事はないが，区民運動会，敬老会，クリーングリーン活動などの自治会活動は着実に実施している。

　大添自治会は，楚辺の字の一部に整備された住宅地にある。当初は自治会として認められず，子どもたちは運動会で字ごとに準備されたテントに入れない「その他組」として扱われてきた。その対策に取り組んだ住民たちの活動の成果として 1985 年に自治会として認められている。現在の会員は 242世帯，歳入は 618 万円である。アパート住民を中心に未加入者が多い。トリイ基地の四者会議に参加しているが，軍用地も軍用地料も直接関係のない地域である。予算面で厳しい状況にあることから，公民館用地に契約駐車場を作り，その収入を青年会の活動費に充てたり，公民館の備品等を寄贈・寄付で賄うなどの努力をしている。公民館では月から金の夕方学童保育を行っており，自治会活動としては夏祭りに力を入れている。自治会は総務部，厚生部，環境部，防犯部，体育協会の部構成で運営されている。

牧原自治会の字地は読谷村東部の嘉手納弾薬庫の中に存在する。所有権を
めぐる複雑な関係があり，裁判により今後返還されても住民の所有権は認め
られないことになっている。1960年代に米軍タンク跡地を共同購入し，そこ
に公民館と30世帯の集落を形成した。会員は村内に散在する世帯も合わせ
て80世帯，歳入は558万円となっている。役員は会長のみが常勤で，行政
委員11人がいる。毎月戸主会を開催するほか，夏祭りや敬老会も実施する。
最も重要な行事は基地の中の祈願所で行われる祭りで，他出者も参加する。
2001年に「旧牧原を再建する会」を設立し，祈願所だけでも返還してもらう
活動を続けている。

4　読谷村による行政区の導入

(1) 属人的住民自治組織をめぐる問題

　読谷村の土地に占める基地面積は次第に減少し，読谷補助飛行場の返還が
行われた現在では36％となっている。基地返還により自分たちの字を復興
することを目的とした属人的住民自治組織の妥当性は，基地面積の縮小によ
り当然影響を受けることになる。さらに，旧字への愛着を持たない若い世代
の増加や，住宅開発により周辺からの新住民の流入が進む南部を中心に自治
会への加入率の低下が顕著になった。読谷村の統計によると，村全体で見て
も，加入率は2010年の55.5％から2018年には49.7％に減少した。
　この状況は，「読谷村で進みつつある「都市化」が，いわゆる「未加入者」
の増加の主要な基盤となっているものと思われる。……かつての村の指導者
が「村づくりのエネルギーは，字を中心に存在する人びとの共同体の中から
生まれてくる。これが読谷村の地域民主主義です」と語ったその民主的な地
域づくりを，例えば古堅や比謝のようにその字に居住する全住民の5分の1
にしか過ぎない住民が如何にして公共的正当性をもって担いうるのか」(橋本
2009: 257) という批判を呼ぶことになったのである。未加入者の問題と合わ
せて，他字に居住する自治会員の存在が，広報配布や防災，高齢者福祉など
に対する自治会活動を煩雑にしていることも否定できない。基地の返還につ
いて一定の区切りがついた2010年代になると，対応が求められるようにな

ってきたのである。

（2）行政区の導入

　読谷村では，2014年4月に19区からなる行政区を導入した。「広報よみたん」の配布など行政事務の一部を担当する区域として設定され，行政からの委託料によって運営されるものである。読谷村によると，住民の自主的意思で構成される自治会とは別個のものとの位置づけである。行政区は，村内の5つの小学校区（渡慶次・読谷・喜名・古堅・古堅南）を基準に東西南北中の5つのエリアに分かれ，各エリアは公民館を中心に道路や排水路を目安に各自治会の居住域を考慮して区画された3〜5の行政区で構成されている。図3-3からもわかるように，嘉手納弾薬庫およびトリイ基地を除くエリアが行政区の設置地域である。

　戦後の移動の経緯などから，ひとつの行政区にひとつの自治会の活動拠点である公民館が設置されているのは12区に留まり，ひとつの行政区に2つの公民館が設置されているのが6区，3つの字の関係者が集住している行政区がひとつある。また，公民館の存在する行政区のほかに，他の行政区に飛地を持つ自治会がひとつ存在する。自治会活動と行政区とは別のものだというのが建前であるが，行政区導入直前に実施した読谷村総務課の担当者へのインタビューでは，行政サービスとの関わりが深い自主防災会や福祉関係の組織を行政区を基準に立ち上げることを想定しており，これらの活動を契機に長期的には行政区と自治会の統合も指向しているようである。自治会長へのインタビューからも，ユイマール活動などで所属する自治会の公民館でなく，居住している行政区の公民館を利用している高齢者が多くなっていることが確認された。また，青年層でのエイサーグループの形成においても，字の範域にとらわれない人々の動きが始まっている。複数の行政区に自治会員が分散して居住する自治会では，住民の高齢化とともに，公民館のある母集落との交流が疎遠になる傾向も強まっている。

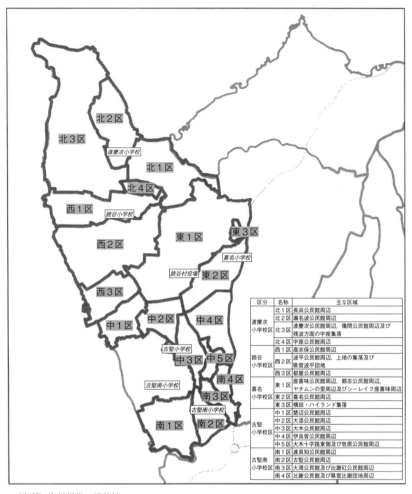

区分	名称	主な区域
渡慶次 小学校区	北1区	長浜公民館周辺
	北2区	瀬名波公民館周辺
	北3区	渡慶次公民館周辺, 儀間公民館周辺及び 残波方面の宇座集落
	北4区	宇座公民館周辺
読谷 小学校区	西1区	高志保公民館周辺
	西2区	波平公民館周辺, 上地の集落及び 県営波平団地
	西3区	都屋公民館周辺
喜名 小学校区	東1区	座喜味公民館周辺, 親志公民館周辺, ヤチムンの里周辺及びシーレイク座喜味周辺
	東2区	喜名公民館周辺
	東3区	横田・ハイランド集落
古堅 小学校区	中1区	楚辺公民館周辺
	中2区	大添公民館周辺
	中3区	大木公民館周辺
	中4区	伊良皆公民館周辺
	中5区	大木十字路東側及び牧原公民館周辺
古堅南 小学校区	南1区	渡具知公民館周辺
	南2区	古堅公民館周辺
	南3区	大湾公民館及び比謝矼公民館周辺
	南4区	比謝公民館及び県営比謝団地周辺

（出所）資料提供：読谷村。

図 3-3　読谷村の行政区

5 まとめにかえて
——住民自治組織の再構築に向けて——

　読谷村では，戦後の米軍支配時代や復帰後の基地返還運動の時代を，属人的住民自治組織に住民自治の草の根を託すことによってその共同性とアイデンティティを維持してきた。そこには，①居住地に築かれてきた生活基盤を字組織を介して確保しようとする生活の共同性，②黙認耕作や基地労働に依拠した住民生活の同質性，そして③基地問題に字ぐるみで取り組むことで郷里の字での生活を再現しようという共通の目標が形成されていた。

　現在，その構造は大きく変化した。属人性を支えた字の共同性や我々感情は，本土復帰後に育った新たな意識や生活構造を持つ世代の増加，生活基盤の農業から村外通勤への変化，自治会の活動基盤として属地性の意味が強まることなどによって影響を受けている。基地の返還と宅地整備，さらには商業施設の誘致などが進むことによって，自治会未加入者の増加も著しい。読谷村による行政区の設置は，このような状況を踏まえて，長期的には自治会の組織原理を属人性から属地性に変えていこうとする動きとも捉えることができる。住民の高齢化による地域福祉サービスや近年の課題である防災対策の比重の高まりも属地性重視の背景にはある。事実2018年6月に策定された基本構想「読谷村ゆたさむらビジョン」では，重点政策として「津波避難や消火訓練等の自主防災活動の推進，地域の子どもは地域で育てる地域学校協働活動の推進，認知症者の地域見守り等，行政区域における諸活動を統括していく包括的コミュニティづくりの推進」が掲げられ，自治会と行政区の活動の調整が求められている。

　もちろん，住民自治組織は領域性のみで成立するわけではない。生活の共同性や地域アイデンティティをどう醸成していくかが重要である。現在のところ読谷村の自治会においては，未加入者も含めた広報配布や福祉サービスなどの行政事務を受託することによって領域の意味づけを強めるとともに，財産収入を得る資源を創出したり伝統文化の継承に力を入れることで地域アイデンティティの源となる新たなコモンズを形成し，福祉・防災や軍用跡地

利用計画づくりというかたちで生活の共同性を再確認し，それによって地域自治を高める自治会活動を再構築していこうとしている。未加入者の加入促進は重要な課題である。

　読谷村では 2012 年から 2018 年度にかけて村内 22 字のガイドマップを完成させた。そこでは現在の字の航空写真とともに，字の名所や史跡を細かく示したマップとそれにまつわる歴史や生活が示される。制作にあたっては，「戦前生まれの方と一緒に旧跡などを巡り GPS を使って場所を地図に落とし込んだ」という。地域の記憶が薄れつつあり，記憶を共有できない住民が増加する中で，新たな集合的記憶を生み出し，地域アイデンティティを高める動きとも考えられる。

■参考文献

明田川融，2008，『沖縄基地問題の歴史——非武の島，戦の島』みすず書房。

栄沢直子，2016，「「二重組織型」自治会と新旧住民の関係」瀧本佳史『軍用地と地域社会』平成 25 - 27 年度科学研究費補助金研究成果中間報告書。

————，2016，「軍用地と自治会——浦添市を事例として」難波孝志『沖縄振興の計画と現実——返還跡地再開発をめぐる合意形成と公共性』中間報告書，第 2 編。

橋本敏雄，2006，「沖縄的共同体の可能性——沖縄県読谷村の「平和と自治の地域づくり」」明治学院大学社会学部付属研究所『研究所年報』36。

————，2009，『沖縄　読谷村　「自治」への挑戦——平和と福祉の地域づくり』彩流社。

川満光義，2013，『基地維持政策と財政』日本経済評論社。

小橋川清弘，2001，「基地のなかのまちづくり」『読谷村立歴史民俗資料館紀要』25。

組原洋，2004，「読谷飛行場跡地の黙認耕作」『沖縄大学地域研究所年報』18。

麦谷哲，2011，「地域社会における安心・安全活動の比較研究——沖縄県読谷村における安心・安全活動」『岩手大学教育学部研究年報』70。

中田耕平，2015，「沖縄県読谷村における米軍基地接収及び返還による集落の移動と再生」『政治学研究論集』42，明治大学大学院。

————，2016，「沖縄県読谷村における米軍基地接収及び返還による村落と拝所の再生——字字座と字渡具知を事例として」『政治学研究論集』43，明治大学大学院。

仲地浩，1988，「属人的住民自治組織の一考察」九州法学会会報。

小川竹一，2006，「米軍基地返還と「耕作権」保障問題——読谷補助飛行場の事例」『地域研究』2。

沖縄タイムス中部支社編集部，2013，『基地で働く──軍作業員の戦後』沖縄タイムス社。

小熊栄二，1998，『〈日本人〉の境界──沖縄・アイヌ・台湾・朝鮮　植民地支配から復帰運動まで』新曜社。

杉本久未子，2014，「テレビが構築する沖縄イメージ──復帰前後の番組に見るシーンと語りの関係から」『大阪人間科学大学紀要』13。

────，2014，「読谷補助飛行場の跡地利用」難波孝志『沖縄振興の計画と現実──返還跡地再開発をめぐる合意形成と公共性』1。

────，2016，「読谷村の自治会活動と基地問題」難波孝志『沖縄振興の計画と現実──返還跡地再開発をめぐる合意形成と公共性』2。

────，2017，「沖縄県読谷村の住民自治組織──その変容と可能性」『同志社社会学研究』21。

────，2020，「読谷村における軍用跡地利用──公共施設・農業・商業」難波孝志『軍事基地跡地利用の日独比較研究──沖縄の補償型振興開発の計画と現実』。

高橋明善，1995，「基地のなかでの農村自治と地域文化の形成」山本栄治・高橋明善・蓮見音彦『沖縄の都市と農村』東京大学出版社。

────，2001，『沖縄の基地移設と地域振興』日本経済評論社。

高橋優悦，1995，「都市社会の構造と特質──那覇市の「自治会」組織を中心に」山本栄治・高橋明善・蓮見音彦編『沖縄の都市と農村』東京大学出版社。

高良紗哉，2006，「基地のない未来を目指して──地域の特性を生かした街づくりと自立」畠山大・熊本博之編『沖縄の脱軍事化と地域的主体性──復帰後世代の「沖縄」』明治大学軍縮平和研究所。

武田祐佳，2016，「沖縄県北谷町の地域特性──旧字とのかかわりから」瀧本佳史『軍用地と地域社会』平成 25 - 27 年度科学研究費補助金　研究成果中間報告書。

豊田純志，2005，「戦後の軍用地問題のはじまり（1）　楚辺・渡具知の立退とその背景」『読谷村立歴史民俗資料館紀要』29。

────，2006，「戦後の軍用地問題のはじまり（2）　沖縄へのナイキ・ホーク・メース B の配備」『読谷村立歴史民俗資料館紀要』30。

鳥山淳，2013，『沖縄　基地社会の起源と相克　1945 - 1956』勁草書房。

読谷村立民俗資料館編，2008，『読谷村制 100 周年記念特別号』読谷村立歴史民俗資料館紀要，33。

『古堅誌』（沖縄県読谷村古堅区，2007 年）

『喜名誌』（喜名公民館，1988 年）

『瀬名波誌』（瀬名波公民館，2015 年）

『渡慶次の歩み』（渡慶次公民館，2010 年）

『読谷村　伊良皆字誌』（伊良皆字誌品集委員会，2012 年）
『読谷村自治会振興基礎調査　報告書』（読谷村，2015 年）

第 4 章
共同性の物質的条件
―――沖縄市の郷友会と嘉手納基地―――

藤谷忠昭

1　沖縄市の郷友会

　沖縄の米軍基地については，SACO 合意[1]以降，遅々としてではあるが，その返還が進んでいる。だが，嘉手納町，北谷町，沖縄市などにまたがって所在する嘉手納飛行場，嘉手納弾薬庫地区の返還については，予定にすら入っていない。本章では，沖縄市の中でも旧コザ市域を母体とした郷友会に焦点を絞り，現在の基地の敷地内で接収まで生活を営んできた人々の現在の状況を明らかにしたいと思う。かつての越来村，コザ市の主に字単位で構成される郷友会の現況を知ることで，嘉手納基地による地域社会への影響によって，かつての生活の場をめぐる記憶に基づいた集団が，どのような変遷を辿るのかについて考察し，人々の共同性の基礎について，また失われかけている共同性への補償の可否について考えてみたい。

　さて，郷友会とは，何か。石原昌家は「郷友会は，同郷人の結合組織体であり，疑似共同組織すなわち疑似ムラ」と定義する。その上で，(1)「農山村漁村から職業を求めて，都市地域に転住してきた人たち」を一般的形態とし，(2)「開拓移住者・国内出稼者・海外移民」に加え，(3)「集落全体が，米軍基地として接収され，他地域に移住を余儀なくされた人たちが郷友会を結成している事例」，(4)「激しい人口流入地域で」「「旧住民（元からの居住者）」」が，自治会とは別の名称で結成している状況」（石原 2015: 210）に分類する。

また，波平勇夫は，本章が事例とする沖縄市について，郷友会を所在する自治会ごとに整理し，「沖縄都市の生態，つまり人的環境は異なる言語文化を背景にした地縁・血縁という地と血に代表されるいわば「エスニック」の集合体という状況を呈している」（波平 2006: 29‐30）と述べる。

　こうした中で，本章が焦点を当てるのは，石原の分類では（3）の郷友会が主であるが，後に見るように，自治会とは別の名称で結成している上地郷友会など，半分の土地を失った3地区の団体も含まれる。これらの団体には，郷友会のほか共栄会，親交会などの名称も見られる。また，かつての字であった郷友会が多いが，集落単位の郷友会もみられるし，郷友会を結成していない親睦会的な集まりや，規約がない団体もある。ここでは，便宜上，これらを併せて郷友会と記述する。本章の対象は，具体的には，図4-1に表記される，旧コザ市の字である，倉敷，御殿敷（ごてんしき），大工廻（だくじゃく），宇久田（うくだ），白川，青那志（おうなじ），森根，嘉良川（からかわ），上地（うえち），諸見里（もろみざと），山内地区（コザ市 1974: 494）に加え，昭和年間に一時，字として独立し，現在の郷友会の存在が確認できた，呉富士（ごふじ），仲原地区である。(2)

　では，戦争後，70年以上たったいまも，こうした郷友会活動の継続を可能にしている共同性の条件とは何か。共同性については，様々な議論がある。たとえば，G.ヒラリー（1955）は，多くの論者がコミュニティを社会的相互行為，エリア，紐帯を用い定義していると指摘する（Hillery 1955: 111）。これらのうち，事例の地区はエリアの使用権を失っており，紐帯は抽象的で観察が難しい。また，3者とも，当時のものについて，成員の記憶と伝承に基づくものとなる。そこで，ここでは，現在の具体的な社会的相互行為に着目し，エリアは資料から，当時の社会的相互行為や紐帯はヒアリングから類推し，その共同性の把握に努めることにしたい。

　一方で，近年，ネオマテリアリズムの観点に基づいて，共同性の物質的条件が検討されている。(3)このような観点は，土地という物質的条件を接収された郷友会の継続の要因を検討する本章にとって，きわめて示唆深い観点であると考えられる。そこで，本章でも，その物質的側面に注目し分析を進めてみたい。

　ヒアリングにおける対象者の発言については，匿名性を保つため，ヒアリ

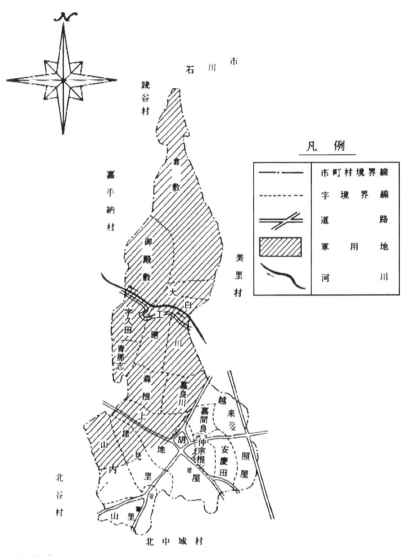

（出所）『コザ市史』（コザ市 1974: 494）

図 4-1　コザ市の行政区

ングの日付のみを記述している。また，文意を損なわない範囲で，最低限の修正を加えている。

2　越来村の接収と郷友会

1908 年の沖縄県及び島嶼町村制によって越来間切は村に昇格し，同時に各地区は，それまでの村から字に改められた。この時期の地名は，第二次世界大戦までほとんど変化することがなかったが，廃藩置県の頃，首里の氏族の開拓した集落が行政区として独立するケースがあり，嘉良川，御殿敷は 1917 年に字になった（沖縄市 2020: 資料編 18）。これらの地区は，戦前は，静かな農村地帯であったという。戦争が始まり，1944 年 9 月，旧日本軍により中飛行場が開設される（沖縄市 2016: 2）。

1945 年 4 月 1 日，本島西海岸に上陸した米軍は，翌日には泡瀬に達し，現在の沖縄市全域を制圧した（沖縄市 2020: 資料編 18）。ただちに，嘉手納飛行場は米軍により拡張され，全長 2250 m の滑走路が完成した（沖縄市 2016: 2）。9 月 7 日には，越来村字森根で米軍第 10 軍と日本軍の代表による沖縄降伏調印式が行われた。戦前，沖縄市域の人口は 1 万 8000 人を超えたが，そのうち，約 5500 人以上が戦死したという（沖縄市 2019: 315）。米軍は，中北部に 10 か所余りの難民地区を設置した。越来村にも越来，嘉間良などの収容所が設置され，戦後，嘉手納飛行場は，嘉手納弾薬庫とともに米軍基地となる。越来村は，1956 年，コザ市に名称が変更され，さらに，1974 年，美里村と対等合併し，沖縄市が誕生した。

体験者の共通した当時の様子をヒアリングからも垣間見ることができた。まず，当時，若かった人からは本土へ疎開していたという話を聞く。また，本島で空襲が激しくなってきたとき，北部へ避難したという話が多い。投降した後は，嘉間良などに収容され，解放後，現在の沖縄市の中心部に戻ってきたという。その頃には，かつて暮らしていた土地は現在の嘉手納空軍基地，嘉手納弾薬庫地区となり，自分たちの集落には入ることができず，園田などの基地周辺で，テント生活をし，徐々に新たな住居を確保していったようである。

3　縮小を強いられた地域社会

　上地，諸見里，山内地区は，かつての字の半分の土地が基地の中にあり，半分の土地が基地の外にある（図4-1）。郷友会の活動も，基地の外の土地を中心に行われている点で共通だが，現在の自治会との関係は三様である。本節では，土地が残っているこれらの地区を概観した上で，郷友会活動が最も活発な上地地区に焦点を絞り，その現状について検討したい。

　山内地区は，基地の内と外にそれぞれ字有地があって，法人化したときに自治会名義にした。拝所（うがんじゅ）は基地内にはない。山内郷友会という組織はなく，かつての住民相互の交流は，自治会内の老友会などを中心に続いている。「基地内外の共有地などの財産は，自治会の財産に統合された」ということであった。かつて山であった地区は，いまは住宅地となり，新しい住民の割合が，戦前からの住民の割合を上回っている。こうした状況で，地料が発生する財産を旧住民が自治会に移譲したことは，「地域のことを思う先輩方の英断だった」という話であった（2019年3月11日；cf. 藤谷 2020）。

　諸見里地区は，郷友会はあるが，独自の集会所はない。郷友会は，自治会のホールで会合資料などをつくっている。公民館のそばに拝所があるが，基地の中にはない。基地の外の共有地は，道路の拡張工事のときに売却し，自治会の公民館の建て替え時の寄付のための資金にしたという。現在の地料は限られているので，自治会への出資はないが，旗スガシーなど伝統行事のときは，少し補助を出す。郷友会の会員は，70歳，80歳の人が中心で，会長の後継者を探しているが，仕事関係で地元に帰ってくることができないなど，選定に苦慮しているそうだ。とはいえ，大量に残っている戦後の行事の映像について編集が計画されているなど，活動は地道に続いている様子であった（2019年3月15日；cf. 藤谷 2020）。

　上地地区は，郷友会組織があり，集会所もある。残った地域には，新たな自治会ができ，協力しながらも，別組織として活動している。新規の流入者が多く居住する地区でありながら，郷友会活動も活発である。そこで，郷友会誌と郷友会でのヒアリング（2018年9月4日；2020年3月12日）に基づいて，

地区の状況を少し詳しく見ておくことにしたい（cf. 藤谷 2020）。

　上地集落の形成は 12 世紀といわれる（上地郷友会 2000: 14）。越来間切の時代は，嘉良川，森根の一部，桑江畑，呉冨士等を含んでいたが，各字が上地から独立した（上地郷友会 2000: 15）。戦前はイモ，キビを中心とする純農村で，畜産，果樹栽培等を営み，また，竹製品の伝統的産地でもあった（上地郷友会 2000: 69）。門中は，宇佐礼門中と丑根門中の 2 つがあり（上地郷友会 2000: 15），戦前は，103 戸，502 人が住んでいた（上地郷友会 2000: 9）。

　米軍接収後，住民の多くは，主に嘉間良収容所に収容される。帰還後の 1946 年には有志会が結成され，食糧，住宅対策が立てられた（上地郷友会 2000: 9）。かつて胡屋十字路にはマリン部隊もあり，「米軍が小学生をアイスクリームで歓待する」など，米軍と共存してきた。基地にフェンスができたのは 60 年代以降であるという。1953 年の区画整理で，範域は少し狭まり，自治会としては沖縄市が公募し命名された仲の町自治会が別組織として設立された。現在，地区に住む 4000 人弱の住民のうち，80% が外部からの移住者であるという。

　共有財産として，戦前はクラブ敷地，拝所，アシビナー等があったが，いまは，軍用地になったもの，貸与されているもの，売却されたものがある。残った共有地は会長を含む 3 名で分筆し登記している。新たな登記人として「相続を引き受けてくれる人を探すのに苦労している」そうである。かつて事務などは会長宅でやっていたが，1994 年，集会所が，クラブ跡地（約 120 坪）に 5700 万円かけて建設された（上地郷友会 2000: 212）。

　1989 年の仲の町公民館の建設に際しては，土地の無償貸与（235 坪）と建築費の約 3 分の 1 を寄付し（上地郷友会 2000: 183），現在も，駐車場を無償で提供している。かつては，郷友会が中心に自治会を運営し，自治会に毎月，寄付をしていたが，自治会役員の新旧住民の割合が同じになってきたいまは，寄付はしていないそうである。郷友会の年中行事は，新年会を兼ねた総会，慰霊祭，ピクニック，運動会，旗スガシー，敬老会などがある。これらの活動は，集会所を拠点に行われている。

　このように上地郷友会の概要をうかがっていると，土地，とりわけ集会所の存在が，共同性の存続に機能的であることが明らかになっているように思

われる。土地が残っていることで，活動の中心となる集会所，また拝所を旧来の地区に持つことができる。このことは，共同性の条件として大きな意義を持つと考えられる。

4　失われた共同性を求めて

沖縄市には，いまだ，すべてを接収されたままのかつての字や集落がある（**表4-1**）。コザ市における字単位では，倉敷，御殿敷，大工廻，宇久田，白川，青那志，森根，嘉良川の各地区があり，御殿敷を除き郷友会が存在する。また，戦前の昭和年間に一時，独立した4つの字のうち呉冨士，仲原の郷友会の存在が確認できた。大工廻，宇久田は古くからあった集落である。一方で，倉敷，御殿敷，白川，青那志，森根は，首里の士族が開墾し移り住んだ屋取を中心に構成された。活動は，祭祀の他，総会，新年会，敬老会，ピクニックなど，共通する点が多いが，その活発さは，様々である。大工廻，宇久田，青那志，仲原，呉冨士には会誌があり，規約が掲載され，森根にも規約がある。また，倉敷，白川，嘉良川には名簿が存在するという。

では，これらの郷友会の共同性を活性化するものは何か。また，何が欠ければ，その共同性は成就されないのか。ここでは，それぞれの郷友会の特徴を記述する余裕はないので，現在，活動が停止している御殿敷地区を事例とし，共同性が存続する条件について，戦前の住民の方からのヒアリング（2018年9月3日）での内容を中心に，検討してみることにしたい。

御殿敷地区は，屋取集落である。廃藩置県で大工廻村の山である「王家」の土地に畑を作った。ほとんどが農家で，60世帯ぐらいあったという。「祭はあまり盛んではなかった」。学事奨励会，家畜の共進会などもあった。若い人はキビをつくり，高齢者は，草履，鍋の蓋などをつくる。「草履は海岸にあるアダンを蒸して，乾かして，トゲをとって，つくった」。戦後，疎開から帰ってくると，村が弾薬庫になって集落に戻れないので，園田地区を中心にテントをつくった。「子どもたちは裸足で，汚れたまま」過ごしていたという。

この地区は，もともと「王家」の土地なので，地主はおらず，みんな小作

表4-1　沖縄市において嘉手納飛行場、嘉手納弾薬庫地区に関わる郷友会一覧

地区	字名	集落	人口	郷友会	名称	会員数	会誌	基地外区域	集会所	基地外拝所	ジオラマ	軍用地料
倉敷	くらしき	屋取	大工廻内	○	郷友会	300名ぐらい（2016）				○	○	○
御殿敷	うどぅんしち	屋取	275人									
大工廻	だいくぐく	屋取	449人	○	郷友会	160世帯、500名ぐらい（2018）	2009年			○		○
宇久田	うくだ	屋取	652人	○	郷友会	50-60世帯、100名ぐらい（2017）	2013年		○			○
白川	しらかわ	屋取	548人	○	郷友会							○
青那志	おおなじ	宇久田内		○	共栄会	200世帯ぐらい（2017）	2009年			○		
森根	もりね	大工廻内		○	郷友会	218世帯（2017）						
嘉良川	からかわ	1,008人		○	郷友会	300名ぐらい（2017）						○
上地	うえち	707人		○	郷友会	地区内150世帯ぐらい（2018）	2000年	有	○	○		○
諸見里	もろみざと	726人		○	郷友会	200-300世帯ぐらい（2019）		有	○	○		○
山内	やまうち	1,001人		○	郷友会	約160名（老人会）（2019）		有	○			○
呉冨士	ごふじ	屋取	上地内	○	親交会		2004年					
仲原	なかばる	屋取	山内内	○	共栄会	80名ぐらい（2019）	2000年		○	○	○	

＊字名は代表的な呼び方で記述している。

＊人口は、1925年のデータで、屋取集落分も含まれると考えられる（コザ市 1974: 434-435）。記載のないものは、人口欄に1925年当時の所属字を記述している（コザ市 1974: 434-435）。嘉良川は、郷友会でのヒアリングに基づき、屋取に含めていない（呉冨士親交会 2004: 23）。仲原は、ヒアリングを参考に山内地区に分類している。

＊会員数は、インタビューでの回答や会誌等を参考に、それぞれ世帯、個人を単位として記述した。それぞれ世帯、個人を単位とする。名簿があるところも、各名簿のところもある。会員が存在するということであった。

＊軍用地料については記していない。

＊それぞれの会誌には本籍の頁について見れば、会の目的の頁の記述では、会員同士の親疎については共通しており、その他、相互扶助、福利増進、会の発展、会の趣旨に対する賛同者など多様であり、会員資格は旧字に本籍を有する者を中心に記される。

＊同じく会誌掲載の規約により、会員資格は旧字に本籍を有する者を中心に、出身者、血族、配偶者、移住相、共有財産の維持・管理をなど細かく規定しているところもある。現住地などについて細かく規定しているところもある。

＊会費はないところがほとんどだが、イベントの際に徴収するところもあるということだった。

人として耕作していた。30年たったら自分たちの土地になるということだったが，ぎりぎりで戦争になった。戦後，元小作人は申し出るよう公示されたというが，「いまのように情報が簡単に入手できないから分からなかったのか，多くの者は言い出さなかった」。「当時は生活を維持することに手いっぱい」だったし，「公人に対して，知識，手腕が十分ではなかった」という。その後，裁判を起こしたが，入会権，小作権は認められず，多くは製糖会社と沖縄市の土地になった。(4)「「王家」がすでに売り払っていたのだろう」という。「字有地はあったはずだが，そのとき，なくなったかもしれない」ということであった。

30年前には，戦前の住民の親睦会があり，個人の軍用地についての話し合いなどを行っていたが，中心になる人たちが亡くなって，集まりもなくなったという。「裁判で負けて，精神的なダメージがあり，やる気がなくなったこともあるし，だんだん，旧住民が歳を取り，外へ出るのが億劫になる」。「裁判で勝っていたら，そのお金で郷友会が運営できたが，負けたので，組織運営も会費を集めてやらなければならない」。数年前に集まろうとしたが，実現しなかったそうだ。戦後，基地の中には何度か入っているが，最後に入ったのは，2011（平成23）年で，5名で許可をもらった。「自分の実家に，鎮守様，拝所が残っていて，それを見に行きたくて入った」という。「若い人たちには，かつての土地を大事にしようという気持ちがない」ということであった。

このように，話をうかがっていると，共有地の存否には運不運という側面があるということがわかる。御殿敷地区は土地を接収され，共有地も裁判でも，確保できなかった。そのことが，この地区独自の事情を生んでいる。ヒアリングの中で，繰り返し強調されたのは，集まるにも資金がないという点であった。

5　共同性の在り処

ここまで，接収で土地を失った地区の郷友会について見てきた。では，これらの郷友会の活性化の条件は何か。本節では，1で述べたように共同性の

物質的条件に着目し，順に検討していきたい。

　第1に，この共同性において，まず，基本的な条件が土地であることは，これらの事例からも明らかである。地区の共有の土地がすべて接収された郷友会は，ネットワーク組織にならざるをえない。部分的にとはいえ，土地が残っていれば，残った地域社会には古い人々が多く存在している。共有地が基地の外にあれば，集会所を立てるのに地代もかからない。

　第2に，集会所の存在がある。上地郷友会では，「いまの集会所がある限り，会は存続する」ということであった。旧山内地区の人々も自治会の一部として，また，諸見里郷友会も別組織ながら，自治会の集会所を活用している。この点については，すでに述べた第1の条件と関連している。土地がすべて接収された大工廻郷友会は，集会所を設置したことがあるそうだが，維持費が高く廃止したということであった。

　第3に，拝所を挙げたい。その場所を中心に宗教的儀式は行われる。デュルケームが指摘しているように，それらの相互行為は，「われわれ」意識を醸成し，維持する。[5] その様態は，それぞれの事情により，いくつかのパターンに分類できるように思われる。少し詳しく見ておこう。

　まず，上地，諸見里，山内のように接収されていない土地に拝所が残っている場合，祭祀は継続しやすい。上地では郷友会が行っていたが，諸見里，山内では自治会に引き継がれていた。また，森根，青那志などの場合，基地の中に拝所が残っている。森根では，許可を取り，年に1度程度の行事が行われてきたという。手間ではあるが，決まった日に訪れるという相互行為は，かつてのエリアで紐帯を再生するだろう。そのことが，共同性を生成させていることは，いうまでもない。さらに，基地の中の拝所を外部に移し，そこで祭祀を行っているところがあった。祭祀が困難な場合，人々は新たな場所を確保するのである。[6]

　このように，先祖崇拝としての拝所の存在は，物質的な条件として重要であろう。世代が下ったとしても，記憶のつながりだけではなく，媒体として拝所の存在があれば，相互行為が継続されると考えられる。

　第4に，会誌の存在がある。多くは会員と，その子孫の分のみが印刷され，関係者に配布される。そこには，規約，名簿，かつての村落の風景や，近年

の活動を収めた写真，出身著名人の紹介，祭祀の由来，手順などが掲載されている。その存在で，地域固有の歴史の共有が可能である。字誌という物質が，記憶を喚起するとともに，祭祀という相互行為を伝える媒介となっているのである。会誌まで至らないとしても，会報，総会資料もまた，潜在的共同性を物質的に定着するツールとして，同様の意義を持つであろう。加えて，ここで注目しておくべきことは，記憶の伝達もさることながら，作成すること自体に意義が存在する点である。それは，いわば記憶の共同化作業だといえる。その場では，「話始めると思い出す」といった社会的相互行為が発生するだろう。

　第5に，かつての集落を縮小し再生した立体模型がつくられている。なかばる郷友会が作成したジオラマは，沖縄市立郷土史博物館にも展示され，倉敷郷友会の作成したジオラマは，倉敷ダムのロビーに展示されている。それらは，旧住民の記憶を辿りながら作成されたものだが，その作業はまさしく共同性の要素のひとつである相互行為そのものであり，また，それらの模型が，かつての記憶を呼び起こしたり，伝えたりすることはいうまでもなかろう。このように，ジオラマが相互行為を誘発し，かつての相互行為や，エリア，紐帯についての記憶の媒介となっているのである。

6　媒介としての軍用地料

　さて，接収された土地のうち，各字に残る共有地に対しても，日本政府から借地料が支払われている。その借地料の有無は，前節で整理した共同性の物質的な条件に深く関係すると考えられる。次に，この点について考えてみよう。

　沖縄市のある自治会で，その地区を母体とする郷友会があるかどうかたずねたとき，「軍用地料がないから郷友会はない」という返答があった。それ以上，質問しなかったので，その真意は明らかではないが，この返答は多義的である。まず，軍用地料を保守するために郷友会は設立されるという意味に取れる。地料が個人に流れてしまわず，もともと，その共有地を共有していた者とその子孫が，その軍用地料の恩恵を受けるために，メンバーシップ

の特定を可能にする団体は有用であろう。とりわけ、地料が大きい場合、その意義も大きい。だが、事例とする諸郷友会においては、沖縄北部の地区などと比較すれば、その額は相対的に小さいどころか、まったくないところもある。地料の存在する郷友会でも、現在の資産と地代を会員数で割ったところで、たいした額にならない場合も多い。

　では、軍用地料は対象の郷友会の存続とは関係がないのか。そうではない。その使用においては、共通点がある。事例では、多くの郷友会に共有地があり、多寡はあるものの軍用地料もある。地代のあるところは、祭祀をはじめ、会合の案内状などの郵送代、会場代、提供する飲み物代や、敬老会、学事奨励会、視察旅行など会員の相互行為のため、資産、地代に応じ使用されている。独自の事務所を構える場合も、会誌を出版する場合も、軍用地料は、その物質的条件の原資となりうる。必ずしも潤沢である必要はないが、会を維持、管理するための資金があれば、共同性は維持しやすいということはいえるだろう。

　このように、かつての住民が具体的に失ったものは物質的な土地である。だが、そのために、ヒラリーが共同性の要素として抽出したエリアを活用できず、他の要素である紐帯、また本章が中心として注目した具体的な社会的相互行為に大きなダメージが与えられ、失われかけている。こうした抽象的な共同性への直接的な補償はもちろんない。あくまでも軍用地料は、有無をいわせず接収された共有地に対する補償である。とはいえ、軍用地料が、失われた共有地と他の物質的条件との媒介となり、郷友会の維持に使用されるのを見るとき、実は、それは、このダメージを受けた共同性に対する、間接的な「補償」だと考えることもできるのではなかろうか。

　では、その「補償」は、共同性を存続させうるのだろうか。共有地は、郷友会会長など複数の個人の連名での登記になっている。それゆえ、その土地の共同使用は、申し合わせ事項であり、確固とした法律根拠を持たない。また、相続において、資産の目減りが生じてしまう。そのため、自治会などは認可地縁団体として登録することが多い。けれども、この場合、成員が該当の土地に住んでいない点、また、売買により、もともとの住民以外の者による所有もあり、地権者が、そのまま郷友会の会員と重ならない点で、現行の

法律の下では，認可地縁団体にはなれない。そのことで，社会的相互行為の維持のための原資である財産が目減りすれば，共同性の維持は困難になろう。

　こうした点を憂慮して，例えば倉敷郷友会の会長は，「特例として政令などで，郷友会に認可地縁団体を認めるべきである」と主張する。もちろん，財産を守るためならば，財団法人や社団法人など，他の選択肢もある。しかし，「住む権利のある土地に住めない集団が，一般の自治会と同じように，なぜ，地縁に基づく団体が結成できないのか」。そうした思いを込め，あえて認可地縁団体への登録の是非を内閣府に打診し，回答を待っているということであった。それが，現実的に可能かどうかは，行政的な判断が必要で，実現の可能性は不明ではある。ただ，明らかなことは，ここで維持されようとしているものが，物質的な土地への対価に基づく資産でありながら，同時に，それは共同性の物質的条件のための原資であり，失われかけた共同性に対する「補償」の結果だと考えられるのである。

7　共同性への「補償」

　ここまで，郷友会の共同性を維持するための物質的条件について見てきた。共有地の地代である軍用地料は，郷友会の維持を通し，十分ではないものの，間接的に共同性についての「補償」の意味を帯びていることを指摘した。とりわけ，すべての土地が基地内にある郷友会の場合，物質的な条件である土地が，ネットワーク型の共同性の基礎になっていた。一方で，すでに共有地のない地区は，郷友会があったとしても，軍用地料もなく，集まりも少なくなりがちだという話であった。かつての集落に居住していた住民もだんだん少なくなり，子，孫の世代になると，会費を払ってでも集まるとなると，敷居が高くなるのは自然であろう。すでに共同で生活する必要がない現状において，祭祀への義務や記憶に基づいた親睦だけで，私費の捻出により，会を継続することは，はなはだ困難であるというのが，今回の調査の結果である。たしかに近代化によって，いずれにせよ，これらの地区の，土地を媒介とした共同性は希薄化していたかもしれない。けれども，個人地主に対する軍用地料に補償がとどまることで，本来なら維持されていたはずの共同性の失わ

れる速度が，早まったことは明らかである。では，共有地の残っていない地区の失われた，あるいは，失われかけている共同性に対する「補償」はないものなのか。

こうした困難さについて，示唆深いのは，土地を失ってしまったいくつかの郷友会での，沖縄防衛局，ないしは政府に対する「ふるさと会館」の建設についての要望である。防衛局へ赴いた，それぞれの郷友会の幹部のみなさんからのヒアリング（2017年9月7日）によれば，その構想は，以下のようなものであった。館内に，それぞれの郷友会の部屋を常設し，そこにかつての集落の模型や写真を飾り，資料を設置する，集会を中心に会員の集まる場所を常設する，というものであった。どこまでの郷友会を範囲とするのか，維持費の郷友会ごとの分担をどうするかなどの現実的な課題はあろう。だが，とりわけ独自の集まる場所のない郷友会にとっては，活動に利便性があるだろうし，また，そもそも軍用地料自体がない郷友会にとっては，会の維持のために機能的であろう。実際，上地郷友会では「集会所がある限り，郷友会の存続は可能だろう」と聞いた。なるほど，この要望は物質的なものである。しかし，その目指すところは，集会や，祭祀，催しなど，まさに成員どうしの社会的相互行為であり，その相互行為に基づくエリアについての記憶の再生，また，人々の紐帯の再構築である。すなわち，それは，失われた，あるいは失われかけている共同性への「補償」を求めているのだといえる。

こうした要望の内容について，より実現性が高い代替案も聞いた。現在，沖縄市軍用土地等地主会では，地主会館の建て替えが計画されている。その一部を，土地を失った郷友会の場所として確保してほしいという議論もあるという。いうまでもなく，地主会は個人地主を中心とする集合体である。地権者の中には，もともとの集落出身の地権者も多いが，すでに売買により，集落とゆかりのない地権者も多い。したがって，建て替えられ，運営される会館に郷友会のための場所を確保できるのか。まさに，この点は地主会自体で，議論されるのであろう。ただ，いまだ多くの会員が，それぞれの郷友会の会員でもある現在，その一部の場所を郷友会のために確保することは，可能なのかもしれない。

いずれにせよ，もし実現するならば，とりわけ軍用地のない地区のかつて

の住民にとって，ダメージを受け，失われかけている共同性を再生，維持するための重要な拠点となるだろう。

8　記憶の伝承

　本章では，沖縄市において，嘉手納飛行場，嘉手納弾薬庫地区のために土地を接収された旧越来村の住民による郷友会を概観し，その存続の物質的条件を中心に見てきた。すべての土地が基地内にある郷友会の場合，その地料は，ネットワーク型の共同性の基礎になっていることが明らかであった。その意味で，十分であるといえないとしても，軍用地料は，失われた，あるいは失われかけている共同性に対する間接的な「補償」となっていた。同様に，「ふるさと会館」建設などの要望は，とりわけ共有地が残っていない地区にとって，共同性へのダメージに対する「補償」を求める主張であるといえる。こうした様相を具体的に整理してみると，これらの郷友会の共同性の困難，それを困難にした歴史的運命を垣間見ることができるのである。

　たしかに，今後，これらの郷友会の存続には困難も予想される。親までも戦後生まれで，かつての集落での社会的相互行為やエリア，紐帯をめぐる記憶が言い伝えすらされない世代が中心になったとき，郷友会によっては，その共同性が衰退していくのかもしれない。しかし，たとえそうなったとしても，戦争により，また戦後の基地政策によって，共同性が失われたという事実，また，そうした事態を，現在，憂えている人々が存在するという事実はなくなることはないだろう。

(1)　1995 年に，沖縄に所在する米軍施設・区域にかかわる諸課題に関し協議することを目的として，日米両国政府によって，「沖縄に関する特別行動委員会」（Special Action Committee on Okinawa）が設置された。1996 年 12 月に取りまとめられた最終報告書では，11 の米軍施設・区域の全部または一部の土地の返還が合意されている（防衛省・自衛隊公式サイト「SACO 最終報告とは」https://www.mod.go.jp/j/approach/zaibeigun/saco/saco_final/index.html 2020 年 8 月 20 日最終確認）。

(2)　昭和年間に一時，字として独立したとされる山里，西原地区は現在のところ，

郷友会の存在が確認できていない（cf. 沖縄市 1984: 付表「文献にみる越来・美里のムラの変遷」）。また，旧越来村，コザ市に所在する胡屋，仲宗根地区は郷友会の存在が認められるが，基地内に土地が存在しないため，今回は対象とせず，今後の課題としたい。また，旧美里村には泡瀬郷友会があるが，泡瀬通信施設所在地区については，今後の課題となろう。同じく旧美里村の知花地区，美里地区は一部，嘉手納飛行場，嘉手納弾薬庫地区になっているが，自治会に問い合わせたところ，郷友会が存在しないということなので，今回の分析の対象とはしていない。

(3)　第 19 回「世界社会学会議」(2018) では，「世界と世界に含まれる社会的および自然のすべての物質性を強調する」(Fox and Alldred 2019) ネオマテリアリズムの観点から，Community and Materiality をテーマとした部会が開催されている（cf. Fujitani 2019）。部会では，近隣レベルでの社交的なアメニティ，文化的シンボルとしての民俗資料や，難民への物質的な支援が，人々の共同性の生産に寄与することなどが報告された。

(4)　裁判については，小川（1991）を参照。

(5)　「宗教的祭儀は，わずかの重要さしかもたないにしても，集合体を活動させる。諸集団がそれを挙行するために会合する。宗教的祭儀の第一の効果は，諸個人を接近させること，彼らの間に接触を頻繁にして，いっそう親密にさせることにある。このことによって，意識の内包が変化するのである」(1912 → 2005: 334 ＝ 1975:（下）205)

(6)　大工廻，宇久田地区の他，森根郷友会に所属する兼手原地区の拝所が基地の外に設営され，宗教行事が維持されている。また，倉敷郷友会では，集落が水没した倉敷ダムの敷地内に拝所が設置されている。基地内の拝所については，沖縄市教育委員会（2010）を，沖縄における墓の移動については，越智（2018）を参照。

■参考文献

大工廻郷友会，2009，『基地に消えた古里——大工廻誌』。

Durhkeim, Emile, 1912 → 2005, *Les formes elementaires de la vie religieuse: Le systeme totemique en Australie*, (= 1975, 古野清人訳『宗教生活の原初形態』(上)(下) 岩波文庫)。

Fox, Nick, J. and Alldred, Pam, 2019, "New Materialism", in Paul Atkinson, Sara Delamont, Alexandru Cernat, Joseph W. Sakshaug and Richard A. Williams (eds.), *SAGE Research Methods Foundations*, Sage.

藤谷忠昭，2016，「沖縄市の地域社会」瀧本佳史編『軍用地と地域社会』(成果報告書) 2，地方自治研究会，38-47。

―――――, 2017, 「沖縄市の地域社会 (2)」平井順編『沖縄県の自衛隊及び米軍所在自治会における地域アソシエーションの実証的社会集団研究』（成果報告書）1，地方自治研究会，87‐94。

―――――, 2020, 「沖縄市の地域社会 (3)」難波孝志編『軍事基地跡地利用の日独比較研究』（成果報告書），地方自治研究会，59‐71。

Fujitani, Tadaaki, 2019, "Creating the Unity of a Community through Collective Memory,"『人文学研究』4：22‐25。

Hillery, George, 1955, "Definitions of Community: Areas of Agreement," *Rural Sociology*, 20: 111‐123.

石原昌家，2015, 「郷友会組織」沖縄市『沖縄市史　第三巻　資料編2　民俗編（冊子版）』，206‐223。

コザ市，1974,『コザ市史』。

森根郷友会，2017,『森根郷友会総会並びに敬老会』。

波平勇夫，2006, 「戦後沖縄都市の形成と展開――コザ市にみる植民地都市の軌道」『沖縄国際大学総合学術研究紀要』9(2)：23‐60。

越智郁乃，2018,『動く墓――沖縄の都市移住者の祖先祭祀』森話社。

小川竹一，1991, 「〈判例研究〉米軍用地小作人訴訟　沖縄土地住宅株式会社対小作人事件」『沖縄大学地域研究所所報』4：15‐30。

沖縄市，1984,『沖縄市史　第二巻　資料編1――文献資料にみる歴史』。

―――――, 2015,『沖縄市史　第三巻　民俗編（冊子版）』。

―――――, 2016,『平成28年度　基地対策（概要版）』。

―――――, 2019,『沖縄市史　第五巻　資料編4　戦争編（冊子版）』。

―――――, 2020,『沖縄市市政要覧』。

沖縄市呉冨士親交会，2004,『基地に消えた屋取百年の轍――呉冨士誌』。

沖縄市軍用土地等地主会，2012,『創立30周年記念誌』。

沖縄市教育委員会，2010,『沖縄市基地内文化財――基地内文化財調査および市内遺跡試掘調査報告』。

沖縄市諸見里老人クラブ，2000,『楊梅――諸見里老人クラブ35周年記念誌』。

沖縄市なかばる共栄会，2000,『發――仲原誌』。

沖縄市青那志共栄会，2009,『基地に消えた故郷――青那志誌』。

上地郷友会，2000,『上地誌』。

山内老友会，1984,『老友会20周年記念誌』。

第5章
米軍占領後の地域社会の変容と郷友会
──北谷町・嘉手納町を事例として──

武田祐佳

1 基地に囲まれた町

　本章では，「極東最大の空軍基地」と称される嘉手納飛行場がある北谷 町^{ちゃたんちょう}と嘉手納町について，米軍占領後の地域社会の変容と，その過程で生まれた「郷友会」に焦点を置いて論じていく。

　北谷町と嘉手納町は，かつては「北谷村」というひとつの村を形成していた。しかし，旧日本軍の中飛行場（現嘉手納飛行場）があったことから，沖縄戦では米軍の上陸地点となり，熾烈な集中砲火を浴びた。そして，米軍占領後には，飛行場の整備拡張により，村は南北に二分されることになった。

　沖縄戦の最中，住民を収容所に収容している間に米軍が接収した土地の多くは，今も引き続き軍用地として占拠されたままの状態にある。

　表5-1のとおり，北谷町には嘉手納飛行場の他，キャンプ桑江，キャンプ瑞慶覧，陸軍貯油施設があり，町面積の52.3％を占めている。一方，北谷町の北に位置する嘉手納町には，嘉手納飛行場，嘉手納弾薬庫，陸軍貯油施設が所在する。米軍施設が町に占める面積は82.0％にも及び，残された18.0％の土地に1万人以上の住民が暮らす。北谷町と嘉手納町がともに，「基地に囲まれた町」「基地の島，沖縄の縮図」と呼ばれるゆえんである。

　両町（当時は北谷村）の戦後復興は，村内のきわめて狭小な可住地域に，土地を失った多数の集落住民が混住するなかで始まった。このため同村では，

表 5-1　北谷町・嘉手納町における米軍関連施設

町名	米軍施設	町域内面積（千 m²）	国有地	県有地	町有地	私有地	全町面積に占める割合（%）
北谷町 （町面積 13,930 千 m²）	嘉手納飛行場	3,635	160	6	17	3,451	26.1
	キャンプ桑江	675	14	0	58	603	4.8
	キャンプ瑞慶覧	2,571	199	0	15	2,357	18.5
	陸軍貯油施設	408	25	—	0	384	2.9
	計	7,289	398	6	90	6,795	52.3
嘉手納町 （町面積 15,120 千 m²）	嘉手納飛行場	8,790	975	34	296	7,485	58.1
	嘉手納弾薬庫	3,479	107	—	1,518	1,854	23.0
	陸軍貯油施設	134	9	10	—	115	0.9
	計	12,404	1,091	44	1,814	9,454	82.0

（注1）計数は四捨五入のため符合しないことがある。
（注2）表中の「0」は表示単位に満たないもの，「—」は事実のないものを意味する。
（出所）沖縄県知事公室基地対策課『沖縄の米軍及び自衛隊基地（統計資料集）令和元年8月』より作成。

戦前の集落のまとまりとは無関係に行政区を設置し，これを住民自治の単位として地域コミュニティの再建がなされてきた。

　では，戦前にあった集落はまったくなくなってしまったのかというと，そうではない。後でみるように，接収によって土地を奪われた集落の多くが「郷友会」と呼ばれる団体を結成して，共同体としてのまとまりを今も維持しているのである。

　終戦から70年以上が経つ今日まで，戦前の集落の団体である郷友会が存続してきた理由は何か。本章ではこの点について考えてみることにしたい。

　以下，2では，戦前から戦後における北谷・嘉手納地域の変容過程をみていく。続く3と4では，北谷町の郷友会の全体的な概況を踏まえたうえで，インタビュー調査を基に郷友会が今日まで存続してきた理由について検討する。そして5において，郷友会が現在置かれている状況について述べていく。

2　北谷村の変容

(1)　戦前の状況

　近世の琉球王府の地方制度は，民衆の自生的な生活組織である「ムラ」を最小の行政単位とし，さらに上位の行政単位として「間切」があった。北谷町と嘉手納町は近世には北谷間切と呼ばれ，12 のムラがあったという。しかし，18 世紀に入ると，首里・那覇から貧窮した士族層が間切内に流入し始める。彼らは当初，従前からある農民集落（本ムラ）のはずれに住んで本ムラの小作などをして暮らしていたが，18 世紀末〜19 世紀初め頃になると，本ムラから離れた海岸部や丘陵地の荒地を開墾して「屋取（ヤードゥイ）」と呼ばれる集落を形成していった。

　1879 年の琉球処分により，琉球国は沖縄県として日本に組み込まれた。これに伴い，王府時代の地方制度も変更され，間切は「村（ソン）」に，ムラは「字」に改称され，各字には「区長」が置かれることになった。

　『北谷町史』によれば，明治期，北谷村内には王府時代のムラを起源とする 12 の字（本字）（図 5-1 参照）の他，34 の屋取集落があったとされる（北谷町史編集委員会編 2005a: 331）。屋取集落はひとつの本字の区域内，あるいは複数の本字にまたがって形成され，行政上は本字に属していたが，一定の規模に成長した屋取集落の中には大正から昭和にかけて字（行政字）[2] として独立する集落も現れた。その結果，沖縄戦直前（1944 年）には村内の字は 34 を数えるに至った。[3]

(2)　地域社会の再編

　1945 年 4 月，北谷・読谷村一帯の海岸に米軍が上陸。米軍の管理下に置かれた人々はすべて島内に複数設置された民間人収容所に収容された。日本軍の組織的抵抗が終了した 6 月末には，その数は 28 万 4000 人にのぼったという（鳥山 2013: 14）。

　1945 年 10 月，収容された住民に対し，元の居住地への移動許可が出されたが，嘉手納飛行場を有し，土地の大部分を米軍に占有されていた北谷村に

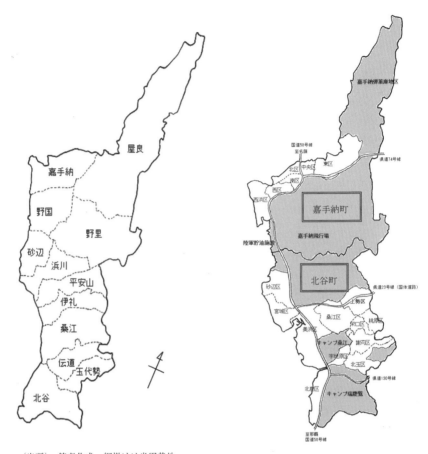

(出所)　筆者作成。網掛けは米軍基地。

図 5-1　左：北谷村地図（1908 年），右：北谷町・嘉手納町地図（現在）

は移動許可は下りなかった。北谷村民に帰村が許されたのは，それから 1 年後の 1946 年 10 月のことであった。

　1947 年 2 月，収容所から北谷村内にある桃原，謝苅，嘉手納の 3 地区への村民の移動が始まった。村民はおおよそ小学校区ごとに 3 地区に振り分けられ，1948 年までに村民の約 70％が北谷村への帰還を果たした（北谷町教育委員会編 1996: 78）。

だが，居住許可地の桃原や謝苅は起伏の激しい「戦前ならめったに足も踏み込まない山間地帯」（北谷町史編集委員会編 1988: 257）にあり，嘉手納もわずかな土地しか解放されなかった。そこに約1万人の村民が集住したのである。多数の住民が居住地を失い，狭小な土地に様々な集落の住民が混住する状況を前にして，村は，「住民たちをどのような基準で組織化し住民自治を維持するのか，さらに行政制度の下に組み入れていくか」（杉本 2017: 25）という問題に立たされることになった。

　住民の帰村が開始された1947年2月，北谷村は，配給手続きや人口動態を把握するため，桃原・謝苅・嘉手納の3地区に行政区を設置し，区長を任命した。これが，行政区制（区制）の始まりである。基本台帳などが失われたなか，当初は，新設区の区長と戦前の字（旧字）の区長が各地に散らばった住民との連絡調整にあたるなど，「変則的に新旧両区長がおかれることになった」（北谷町史編集委員会編 2005a: 650‐651）が，1949年1月頃には旧字制は廃止され，区制に一本化された。

　ところが，村民が生活再建を進めつつあった1948年5月，それまで部分的に通行可能だった嘉手納飛行場への立ち入りが全面禁止となり，村は飛行場をはさんで南北に分断されてしまった。このため同年12月，北側にあった嘉手納地区が北谷村から分離し，嘉手納村が誕生することになった。

　分村後，嘉手納村では区制から再び旧字制に戻された（1949年10月）。だが，その後も旧字制から区制へ（1952年4月），区制から旧字制へ（1953年7月）と変更を繰り返し，1957年の行政区改革によって最終的に区制へと改められた。

　このように，両村では行政区の設置にあたり，戦前の字の枠組みを継承することなく，居住地域に基づいて行政区を設置していった。嘉手納村が旧字制と区制の間を行きつ戻りつしたことからもわかるように，それは村が望んだからではなく，そうせざるを得なかったからだろう。戦後10年たった1955年の時点においても，北谷村は村面積の81％，嘉手納村は90％が軍用地であり，残りの19％と10％の土地にそれぞれ約1万人が密集していた（仲松 1958: 424‐425）。旧字制を維持しようにも，村の多くを軍用地として接収され，さらに基地建設に従事するために各地から大量の労働者が村に流入

するなか，村として住民への行政業務を行うためには居住地を基準にして住民を組織化するしかなかったと考えられる。

(3) 行政区の現況

両村はその後，軍用地の段階的な解放，海岸部の埋め立てや山間部の開発によって可住地を漸次広げてゆき，それに伴い行政区も数度にわたり再編されてきた。そして現在，北谷町（1980年町制移行）には11，嘉手納町（1976年町制移行）には6つの行政区がある（表5-2）。

北谷町の行政区には，「桑江」「砂辺」「桃原」「謝苅」など戦前その一帯にあった字にちなんだ名称がつけられているが，嘉手納町のそれは東西南北と画一的である。北谷町の栄口区と桑江区は1960年代半ばから1970年代にかけての山地開発，北谷町の宮城区と美浜区，嘉手納町の西浜区の大部分は埋め立てによってできた地域である。

両町とも行政区ごとに自治会が置かれ，各行政区に設置されている公民館（コミュニティセンター）には自治会長と書記1人が常駐し，住民の余暇活

表5-2　北谷町・嘉手納町の行政区

北谷町（2019年11月末現在）				嘉手納町（2018年3月末現在）			
行政区	人口	世帯数	自治会加入率	行政区	人口	世帯数	自治会加入率
上勢区	4,079	1,580	46.8%	東区	2,944	1,106	74.0%
桃原区	1,903	738	54.9%	中央区	1,757	779	67.1%
栄口区	2,858	1,146	57.2%	北区	1,900	817	68.5%
桑江区	3,374	1,340	40.0%	南区	1,316	586	72.4%
謝苅区	2,076	896	44.3%	西区	1,962	768	67.3%
北玉区	987	424	55.2%	西浜区	3,690	1,420	59.6%
宇地原区	1,090	506	56.3%				
北前区	3,073	1,514	19.6%				
宮城区	3,963	1,651	47.1%				
砂辺区	2,857	1,259	34.2%				
美浜区	2,657	1,239	38.7%				
合計	28,917	12,293	42.6%	合計	13,569	5,476	67.3%

（注）嘉手納町は外国人を除いた数値である。
（出所）人口数は各町ホームページ，世帯数・自治会加入率は北谷町・嘉手納町役場提供資料に基づく。

動や福祉活動の拠点として広く利用されている。自治会が中心となって行う
行事には，区内清掃，ミニデイサービス，パトロールなど地域の安全・美
化・福祉活動の他，まつり，エイサー，陸上競技大会，敬老会といった住民
レクリエーション活動がある。こうした活動を財政的に大きく支えているの
が，町から各自治会に支給される運営補助金である。また，北谷町では週1
回，嘉手納町では月1回自治会長会が開かれ，町から住民への連絡事項の伝
達，各自治会から町への住民要望の伝達の場として活用されている。

　このように両町では，逐次解放される土地や造成地に行政区を設定し，
様々な集落出身者や町外出身者からなる「区民」によって住民自治組織が運
営されてきた。つまり，戦前の集落は再編され，地図の上でも自治組織とし
ても公式的には消えてしまった。このため，戦前の集落は，「郷友会」という，
地域を超えて広がる「見えない共同体」（山城 2007: 256）として存在すること
になったのである。[4]

　沖縄戦直前，北谷町域には20の字と6つの屋取集落，嘉手納町域には14
の字と4つの屋取集落があった。そして両町の町史からは現在，北谷町に20,
嘉手納町に14の郷友会があることが確認できる。[5]

　次節では，筆者がこれまでに行った北谷町の17の郷友会[6]に対するインタ
ビュー調査に基づき，郷友会の全体的な概況と郷友会が今日まで存続してき
た理由について検討していく。[7]

3　北谷町の郷友会

(1) 全体的概況

　表5-3は，インタビューと各種資料などから，17の郷友会について，設立
年と設立の契機，法人格の有無，会員世帯数，共有財産収入の有無，主な行
事・事業を整理したものである。

　表には示されていないが，いずれの郷友会も会員資格は，沖縄戦直前に集
落（旧字）に居住していた世帯の子孫とその家族[8]である。ただし，女性は同
じ郷友会以外の男性と結婚すると，会員資格を失うのが一般的である。

　郷友会の設立年は，不明のものを除くと，終戦直後から1950年代に設立

表 5-3　北谷町の郷友会の概要

郷友会	設立年	設立の契機	法人化	世帯数人数
A	不明	不明。	○	約 140 世帯約 330 人
B	昭和 30 年代頃	不明。家づくりに加勢する，エイサーをやるなど組織的ではない集まりは前からあった。	×	約 1,650 人
C	不明	不明。一番古い総会資料が昭和 61 年だが，それ以前から活動している。	×	約 120 世帯
D	1954 年	不明。神行事は戦後すぐからやっているのではないか。	×	86 世帯295 人
E	1974 年	軍用地料の額が増えたため。	検討中	284 世帯
F	1963 年頃？	○○部落といっていたものが，いつの間にか郷友会になっていた。記念誌をみると，初代会長が昭和 38 年だからその頃に結成されたのではないか。	○	約 130 世帯
G	戦後 5 ～ 6 年	おそらく軍用地料を管理するために設立されたのではないか。	×	約 20 世帯約 70 人
H	1966 年	郷友会誌に「軍用地料が入った時に正式に組織化した」とある。	○	151 世帯（2014 年現在）
I	1976 年	軍用地料が支給されるようになってきたので郷友会をつくり，財産の管理をするようになったのかもしれない。	○	約 700 世帯約 3,000 人
J	1950 年代前半？	郷友会誌には，1950 年に戦後初めてニングヮチャーが開かれたとある。初代会長の就任年が 1954 年。	○	352 世帯約 1,250 人
K	戦後すぐ？	葬式をするには家族だけでできない。郷友会組織ではないが，みな協力しあっていたのでは。	検討中	133 世帯520 人（1993 年現在）
L	戦後すぐ	集まりは戦後すぐにできたと思うが，「郷友会」と名前をつけたのは法人化する時ではないか。	○	91 世帯（1991 年頃）
M	不明	ニングヮチャーや拝所を守るためにつくったのではないか。	×	約 50 世帯
N	戦後 5 年？	ニングヮチャーを中心にスタートしているのではないか。	×	約 35 世帯
O	1949 年	戦死者の供養としてエイサーをするために青年会を発足したのが始まり。その後，活動は一時停止したが，ニングヮチャーの復活と選挙応援のために 1986 年に「郷友会」を結成。	×	166 世帯（2014 年現在）
P	戦後 5 ～ 6 年？	戦後わりと早くから学事奨励会を兼ねてニングヮチャーをしていた。それが郷友会として今に至っている。	×	70～80 世帯
Q	不明	不明。	×	約 30 世帯

（注 1）　設立年に関して，インタビューで得た情報と『北谷町史　第 1 巻　附録』に記載されている設立年
（注 2）　「主な事業」の欄にある生年祝金には，米寿・カジマヤー祝金などが含まれる。また，学事奨励金に

（情報は調査時点のもの）

共有財産収入	主な行事	主な事業
○	ニングヮチャー（総会，敬老会，学事奨励会），2月祭り，彼岸拝み，ウマチー，ヒーマーチ拝み，アブシバレー，竜宮神拝み，タナバタ，エイサー祭り，十五夜，彼岸拝み，菊酒など	敬老金，生年祝金，出産祝金，学事奨励金，香典・供花
○	ニングヮチャー（総会，敬老会），学事奨励会，米寿前夜祭，白寿前夜祭，神事祈願（年5回），大綱引き	敬老金，生年祝金，学事奨励金，香典・供花，葬式手伝い
○	ニングヮチャー（総会，学事奨励会），チブガー清掃，ボーリング大会，バーベキュー大会，大綱引き	敬老金，生年祝金，成人祝金，学事奨励金，香典・供花，葬式手伝い
○	ニングヮチャー（総会，敬老会，学事奨励会），ヤマガミー拝み，大綱引き	敬老金，生年祝金，学事奨励金，香典・供花，葬式手伝い
○	総会，初拝み，ナンカヌシーク，ウマチー，村清明祭，5月チャー（敬老会），カー拝み，七夕旗スガシ，獅子拝み，カンカー拝み，十五夜など	敬老金，生年祝金，学事奨励金，香典・供花，見舞金
○	ニングヮチャー（総会），旧3月3日，清明祭，十五夜（獅子舞い），敬老会	敬老金，生年祝金，香典・供花，葬式手伝い
○	清明祭，ハチカ正月，総会	供花
○	ニングヮチャー（総会），親睦ゴルフ大会	敬老金，生年祝金，学事奨励金，香典・供花
○	総会（敬老会，学事奨励会），成人式，拝所拝み（年2回）	敬老金，生年祝金，学事奨励金，育英事業，成人祝金，香典・供花
○	総会，旗スガシー，敬老会，文化祭，新年会（成人祝賀会），ニングヮチャー	敬老金，生年祝金，学事奨励金，成人祝金，香典・供花
○	ニングヮチャー（総会，拝所拝み）	敬老金，香典・供花，葬式手伝い
○	ニングヮチャー（総会，拝所拝み），クングヮチャー（敬老会）	敬老金
○	ニングヮチャー，エイサー奉納，十五夜（観月会），クングヮチャー，御願解	生年祝金，香典
×	ニングヮチャー（拝所拝み，総会），旧暦9月9日（拝所拝み）	
×	ニングヮチャー祭り（拝所拝み，総会）	生年祝金，香典・供花，葬式手伝い
×	ニングヮチャー	供花，葬式手伝い
×	ニングヮチャー（拝所拝み，総会）	葬式連絡

にズレがある場合には，インタビューで得た情報のほうを優先した。
は，小学校・中学校・高校・大学入学（卒業）祝金などが含まれる。

されたものが9つ，1960年代から70年代に設立されたものが4つである。同じ字の出身者が集まってニングヮチャー[9]や学事奨励会をしていたことをもって郷友会があったと考える団体もあれば，後述する軍用地料の管理のために正式に会をつくった時点を設立年と考える団体もある。設立年の幅は，こうした郷友会の設立に対する認識の違いによるものと思われる。

　17の郷友会のうち共有財産収入[10]のある郷友会は13である。このうち，9つの郷友会が現在，軍用地料を得ているということであった。

　「軍用地料」とは，軍用地として接収されている土地の所有者に対して日本政府が支払う借地料のことである。日本本土の軍用地のほとんどは国有地だが，表5-1からわかるように，沖縄では私有地の割合が高い。私有地には個人の所有地と旧字の共有地（字有地）があり，字有地が接収されていれば，借地料が旧字の団体に入る。一般社団法人や財団法人などの法人格を持たない郷友会では，数名の代表者の名義で字有地を登記して軍用地料を受け取っているが，会員の世代交代が進むなか，法人に移行する傾向にある。

　インタビューによれば，軍用地料は多いところで年間約2000万円，少ないところでも約270万円と，郷友会の活動を支える大きな財政的基盤になっている。軍用地料などの共有財産収入がある郷友会の多くは，共有財産収入だけで会を運営しているが，共有財産収入がない，あっても額が少ない郷友会では，会の運営を会費や寄付に頼っている。

　郷友会の行事には，神事や祭事，伝統芸能，親睦行事などがあり，事業としては，敬老金，学事奨励金（入学・卒業祝金などを含む），生年祝い（米寿やカジマヤー（かぞえ97歳）の祝金など）の支給や葬式の手伝いがある。行事や事業の数は，共有財産収入があるところでは多く，ないところでは少ないといったように，財政的基盤の大きさと関連していることが表から読み取れる。

(2) 共有財産と郷友会

　帰るべき土地を失った旧字の人たちは，生活の必要から，あるいは心の安らぎを得るために同郷人たちと集まりをもった。当時は郷友会と呼ばれていなかっただろうが，それが郷友会の出発点であったことに間違いない。その

うち，米軍に接収された字有地に対して軍用地料が支払われるようになり，その額が増えるにつれて，軍用地料を管理するために組織としての形態が整えられていった。近年みられる法人化の動きも，こうした財産管理のための組織化の延長線上に位置づけられよう。「共有財産もあるのでそれを維持していかないといけない。つぶしてはいけない，代々つないでいかなければならない」（A郷友会：男性50代）。そのためには，財産管理の主体としての郷友会が必要なのである。

　他方，共有財産収入は，会員相互の親睦や伝統行事のために活用されている。ここでは一例として，B郷友会をとりあげよう。

　B郷友会は12ある本字のうちのひとつである。戦前の集落域は現在，キャンプ瑞慶覧の中にある。会員数は約1650人。そのうちの約8割が北谷町内に居住し，残り2割は主に沖縄市など北谷町周辺の市町村に居住している。

　B郷友会では，神事祈願に参加するのは役員など限られた会員だけだが，ニングヮチャー祭りと学事奨励会には一般会員たちも参加する。ニングヮチャー祭りは，総会と敬老会を兼ねて町内の大きなホールを借りて盛大に行われる。決算報告の後，郷友会の役員・字の功労者への感謝状の贈呈，余興の他，70歳以上の会員には敬老金が支給される。

　一方，学事奨励会には，町内に住む会員世帯の幼稚園から大学生までの子どもたちが一堂に集まり，文具や図書券・奨励金が手渡される。「なにか特別な会の人間なんだということを小さい頃になんとなく刷り込まれる」（30代男性）というように，学事奨励会は，子どもたちにとって旧字のつながりを意識させる機会になっているようである。

　B郷友会の最も大切な行事は，B郷友会を含む3つの郷友会が合同で寅年ごとに開催する大綱引きである。3つの郷友会は，300年以上の歴史を持つといわれる大綱引きを1974年に復活させた。B郷友会はこの行事のために多額の費用を負担しなければならないが，それを可能にしているのが共有財産収入である。

　大綱引きの1年前に準備会を立ちあげ，数か月前になると，演舞，地方，旗頭の練習に入る。2010年の大綱引き後には，若手会員から声があがり，旗頭保存会が発足した。その背景には，12年後の大綱引きに参加者を集められ

ないのではないかという危機意識があったという。

　保存会は 20〜50 歳代の男性会員の有志からなる。定期的に練習を行い，
ニングヮチャー祭りや学事奨励会などの郷友会の行事以外に，北谷町のイベ
ントやB字出身者が多く住む行政区のまつりにも出演している。郷友会の会
長によると，「大綱引きをこなすことが今の郷友会の目的になっている」と
いう。

　以上のように，旧字の共有財産は，それが利益を生むがゆえに，持続的に
財産を管理するための団体を必要とする。さらにまた，共有財産収入を活用
して親睦行事や伝統行事を活性化したり，敬老金や奨励金といった形でメン
バーに利益を還元することを通してメンバーを郷友会に結びつける。このよ
うに，共有財産収入は，直接間接的に郷友会の存続をうながしていると考え
られるのである。

4　郷友会の基層

　しかし，**表 5-3** をみると，共有財産収入のない郷友会もあることから，郷
友会が存続してきた理由は，共有財産収入の有無だけではなさそうである。
　ところで，調査をするなかで，筆者がよく耳にしたのが，「郷友会とは親
戚みたいなもの」「きょうだいみたいなもの」というフレーズである。

　　「物心ついた時からのみなさんですから，きょうだいみたいで。」（P郷友
　　会：60 代男性）
　　「故郷のきょうだいみたいなもの，故郷の仲間，なんといったらいいの
　　か。」（O郷友会：50 代男性）
　　「郷友会というだけでなにか親戚みたいな気になるんですよね。親の代
　　からわかるし。気が許せるし。」（K郷友会：60 代男性）

　「親戚みたい」ということばは，比喩として使われているだけではない。
次の語りにあるように，実際に郷友会内には親戚や血縁関係が多いようなの
だ。

100

「私にとって郷友会は親戚みたいなもの。こっちとこっちはいとこ，こっちとこっちはまたいとことか。葬式もほとんど行く。年に10回ぐらい。ほとんど親戚ですね。だから気持ちが近い。ただ（同じ集落に）住んでいたというだけの話ではない。」（J郷友会：60代男性）

　筆者がある郷友会の調査で，旧集落の住居地図を広げて，「血縁関係のある家を教えてください」とインフォーマントの方にお願いしたところ，ひとつを除くすべての家と直接・間接的に血縁関係があって，たいへん驚いたことがある。こうしたことから，郷友会の基層には，メンバー相互の親密な関係性というものがあるように思われる。

　そこで以下では，インフォーマントたちの語りを通して，なぜ彼らは郷友会の活動に関わるのか，彼らにとって郷友会はどのような意味を持っているのかについて考察していく。

　インフォーマントの多くは，郷友会の現役・元役員として会を支えてきた人たちである。年齢は30代から90代までと幅があるが，その中心は60〜70代である。70代は終戦時0〜10歳で，戦前の字の記憶を持つ人もいる。60代は戦後の混乱期に生まれ，その多くは謝苅や桃原で幼少期から青年期を過ごしている。近隣に旧字の人たちが住み，親同士が家を行き来し，集まって酒を酌み交わしながら語らう姿などをみて育った世代である。

（1）世話になった記憶
　インタビューでインフォーマントたちがしばしば口にしたのは，郷友会のメンバーに世話になったという語りである。

　「郷友会で会として育てられたという感じは薄い。そこのメンバーには非常にお世話になってきた。その人たちが大切にしてきた郷友会だから，なんとか○○（字名）の絆を保つために残していきたい。」（L郷友会：70代男性）

　このインフォーマントは，郷友会のメンバーたちは「小さい時から遊んで

きた仲間，教えられてきた先輩でつながりがある」とし，自分が世話になった人たちが大切にしてきた郷友会だからこれからも残していきたいと語る。

　また別のインフォーマントは，郷友会に葬式を手伝ってもらったことで，郷友会に関わる気持ちが強まったことを次のように語っている。

　　「自分の家族に不幸があった場合，郷友会にお手伝いしてもらって私なんかもがんばってみようかって思うようになる。これは経験しないと若い頃はなかなか。」「郷友会に関わりたくないなって思った時もあったんですけど。年取って40代になってきてからがんばろうかっていう気になりました。」（K郷友会：60代男性）

　葬式を手伝う郷友会は減っているが，**表5-3**をみると，今でも7つの郷友会が葬式の手伝いをしている。手伝いの内容は郷友会によって多少異なるが，会員への連絡，告別式の受付，香典返し，テントはり，車の整理，墓の掃除などである。葬式の手伝いを郷友会の大切な役目と考えている郷友会も少なくない。メンバーの高齢化のため葬式の手伝いをやめたある郷友会の会長は，「不幸があると郷友会メンバーが本当に親身になって掃除したり墓開けたり。本当に字の組織，連絡とってね。我々もやりがいがあった。今でもやりたいんだけど体力的にねあれで」（N郷友会：80代男性）と，できることなら葬式の手伝いを続けたかったと語っている。

　郷友会に世話になったのは自分自身とは限らない。父母や祖父母が世話になったというケースもある。

　　「祖父祖母はとってもお世話になった。うちの父もその思いが強かったと思う。」「そういうことがあったから，うちの父は字のことを一生懸命やった。そういう父をみて，自分たちもこうして育ててもらったんだなって。この字のおかげだなって。」（B郷友会：50代男性）

　語りの中にある「そういうこと」とは，他所に嫁いだインフォーマントの祖母が祖父とともに字に戻ってきたことをさしている。祖父母を受け入れて

くれた字のために，父は一生懸命に字のことをやったという。

　これらの語り以外にも，戦後，村に戻ってきた時，字の人たちに協力してもらって家をつくったという語りが複数あった。このように，インフォーマントたちの脳裏には，生活の様々な場面で字の人たちに助けられた記憶が刻まれているのである。

(2) 親の存在

　祖父母が郷友会に世話になったケースのように，インフォーマントたちの語りには，親や祖父母がよく登場する。なかでも郷友会に熱心に取り組む親の姿は，インフォーマントたちに郷友会に関わる動機づけを与えている。

　　「年配の相談役がいうには，あんたのお父さんは○○（字名）のために相当がんばってくれたんだよって。そういう話を聞かされて，自分もやっぱりそういうことできないのかなあと，少しきっかけになった。」（C郷友会：60代男性）
　　「今振り返ってみたら，○○年の時，会長してるんですね。勤めている時で。なんでそれをやったかというと，うちの親父とか先輩方が一生懸命やっていたから。その時私はそれほど積極的ではなかったかもしれないけど，やっているうちに，これはやっぱり大事にしていかないとあかんなと。」（F郷友会：70代男性）

　しかし，子世代の郷友会への関わり方は，自ら進んで積極的に関わるというよりも，次の語りにみられるように，祖父や母親ががんばってやってきた，自分がやらないと迷惑がかかる，だから「やらざるを得ない」という，一種の義務感あるいは責任感ともいえる感情を伴っているようである。

　　「ボランティアじゃないんだよね。義務というか，やらないといけないもの。」「逃げられるんだけども，逃げたらじいちゃんがやってきたこと，かあちゃんがやってきたこと，迷惑かかるというのもある。そういう面でやらざるを得ない。」（B郷友会：40～50代男性）

(3) 土地と先祖

　戦前の字を知る者にとっては，自分が生まれ育ったふるさとに対する郷愁もまた，郷友会に関わる動機づけとなっている。

　　「歳をとっていくと自分が生まれ育ったところ，ふるさとに対する思いは強くなる。私たちも若い頃はそんなに響かなかったけれども，今になると懐かしさがこみあげてきて，戦前の風景や情景が頭に浮かんできて，やっぱりやらなくっちゃということになるんです。こういう私たちの今の気持ちが，次の世代の子どもたちにどうつながるんだろうと非常に気になる。そういう郷愁というか，先祖が育った土地に対する思いというのが，本当に僕らみたいにあるのかどうか。」（H郷友会：70代男性）

　インフォーマントは終戦時，6〜7歳で，戦前の字の様子をある程度覚えている。それに比べると，次の語り手が持つ字の記憶は鮮明ではない。しかし，親や祖父から字の話を聞いたり，親から土地を継承することを通して，生まれ故郷を懐かしむ感情が生まれていることがわかる。

　　「戦前の○○（字名）という意識はないが，ただ，親，祖父からそういう話を聞くなかで，また自分が解放された土地を引き継ぐなかで，○○部落という，哀愁というか，自分たちの祖先がそこに生活していたんだなと。3歳だけどあの時生きていて，自覚はないがそこに確かに生きていた，ひとつのつながり，精神的に感じることによって郷友に対する愛着がある。」（C郷友会：70代男性）

　2人のインフォーマントが「先祖が育った土地」，「自分たちの祖先がそこに生活していた」と語るように，字は自分が生まれ育った場所であると同時に，先祖が代々生活してきた場所でもある。そこには，彼らの先祖が字の人たちと共同生活をするなかで築き上げてきた様々なつながりが累積している。そうしたつながりの一端に触れたことについて，あるインフォーマントは次のように語っている。

「この歳になって○○立ち上げて会長やらしてもらっているんですけど，そのなかで知り合った字の先輩たちが知らなかったけど親戚だったとか，つながりがあったとか，誰と誰とがどうつながっていたか，家系の流れもみえてきて，ルーツが全部みえてくるなあって。最終的には自分のルーツがどこにあるのか，先祖のルーツがどうつくられてきたのか，それで今自分がある，それを子どもたちに伝えていく，それを孫に伝えていくための郷友会の活動になれたらいい。」（B郷友会：40～50代男性）

　郷友会に関わることを通して自分のルーツを再確認する。それは，自分が何者であるのかを理解していくことでもある。

　以上のように，郷友会の基層には，メンバー相互の助け合いの記憶，字の先輩や仲間への愛着や字のために働いてきた祖父母・父母に対する義務感，自分が生まれ育った土地に対する郷愁，自分のルーツへの関心などがある。

　共有財産収入だけではなく，個々のメンバーが抱くこうした心情もまた，郷友会を今日まで支えてきたといえるのではないだろうか。

5　岐路に立つ郷友会

　戦後70年以上にわたり続いてきた郷友会だが，活動は全体的に衰退傾向にある。3（2）でみたB郷友会のようなケースもあるが，共有財産収入の有無にかかわらず，多くの郷友会が現在，後継者問題を抱えている。

　同じ字出身者が近隣に住む環境で育った60～70代の役員世代と違い，それより下の世代になると，住居も町内に散らばり，互いに接する機会も少なく，旧字とのつながりの感覚はかなり薄れている。このため郷友会の中には，ボーリング大会やバーベキュー大会，バス旅行を企画して世代間での交流機会を設けたり，「ふるさとを語る会」を開いて旧字の歴史や文化を若い世代に伝えようと努力しているところもある。しかし，財政的基盤が弱い郷友会ではこうしたことを行うのは難しい。

　郷友会の役員の中には，「あと何年もつかなあ。3カ年，4カ年ぐらいかなとみています。若い人たちは参加しない。参加するのは年寄りだけ」（N郷

友会：80代男性），「僕たちの世代でおそらく終わりではないか」（P郷友会：60代男性）と，遠くない将来に郷友会はなくなってしまうだろうと語る人もいる。実際，筆者が調査している過程でも，活動休止の話が出たという郷友会や解散した郷友会があることを耳にした。さらに近年では，若年層だけではなく高齢層も郷友会の活動に参加しなくなっているのだという。

　ある郷友会の役員は，「残念ではあるけど，ゆくゆくは立ち消えるのではないか」としたうえで，「戦争がなければそのまま自治会としてずっと続いてきたはずなんですよ」（M郷友会：60代男性）と語る。

　沖縄本島の多くの自治体では，琉球時代に設定された字と字の境界は現在までほぼ変化がなく，行政区は基本的に旧字単位で構成されている（瀧本・青木 2016）。しかし，北谷町・嘉手納町では旧字と関係なく行政区（自治会）が形成された結果，旧字は郷友会という形で存続せざるを得なかった。このインフォーマルな団体をこれまで支えてきたのは，第一義的には，前節でみたような先祖が代々生活してきた土地を媒介にした人々の心情的きずなであり，共有財産収入はそれを補完するものであった。しかしいまや，共有財産収入が，世代を経るにしたがって薄れゆく心情的きずなをかろうじてつなぎとめているのである。「郷友会ががんばっているのは予算があるから。予算がなければ多分自然消滅になる」（B郷友会：60代男性）という語りは，このことを端的に物語っているといえよう。

6　おわりに

　本章では，北谷町・嘉手納町における米軍占領後の地域社会の変容過程を概観したうえで，軍用地として土地を接収された旧字の団体である郷友会に着目し，郷友会が今日まで維持されてきた理由について検討してきた。

　米軍の土地接収によって生まれた郷友会は，軍用地料の存在から，共有財産管理団体としての側面が注目されがちである（例えば石原 1986，難波 2017）。しかし，今回の調査を通して，軍用地料はもちろん，共有財産収入さえなく，会費と寄付だけで活動を維持してきた郷友会もあることが確認された。また，軍用地料収入のある郷友会も，先祖が代々生活してきた土地に対する思いや，

土地を媒介にした他者との関係性によって支えられてきたことは，これまでみてきたとおりである。

　こうしたことを考えると，軍用地に関わる郷友会を，「軍用地料収入や共有財産などの財産管理を目的として結合した利害集団」（難波 2017: 387）と定義づけることは難しいように思われる。とはいえ，これまで郷友会を支えてきた心情的きずなは，世代を経るにしたがって薄れゆく。それをつなぎとめているのが共有財産収入であることもまた事実なのである。

【付記】　お忙しいなか，インタビュー調査にご協力いただいた郷友会関係者の方々にお礼申し上げます。また，北谷町役場公文書館の松原尚子氏には郷友会への取り次ぎをはじめ多大なるご協力をいただきました。重ねてお礼申し上げます。

(1)　行政区とは，市町村が行政サービス提供の便宜のために任意に区分けした地理的区画（瀧本・青木 2016: 59）である。さらに沖縄では，区画を基礎とする地域住民の団体を指すこともある（仲地 1989: 222）。

(2)　「字」には，①行政単位としての「字（行政字）」，②土地の名前（地籍）としての「字（地籍字）」，③集落としての「字」の3つの意味がある。明治に入り，王府時代の 12 のムラはそれぞれ行政字かつ地籍字となった。しかし，屋取集落は行政字にはなったが地籍字にはならなかった。

(3)　数値は，北谷町史編集委員会編（2005a: 331）の表5に基づく。

(4)　一般的に「郷友会」というと，郷里を離れ，都市に移住した人たちが結成した同郷人組織として理解されているが，ここでいう郷友会とは，米軍に土地を接収された人々が，接収当時の地縁的紐帯をもとに結成した同郷人組織を意味する。

　　後者の郷友会の中には，北谷町・嘉手納町のそれとは形成の経緯が異なるものもある。例えば，宜野湾市の字宜野湾は，居住地の大半が接収され，残った土地で集落を再興した。当初は区（自治会）が旧字の共有財産を管理していたが，地域内の住民の過半数が「他所者」になったため，自治会とは別に旧字民のための団体である「字宜野湾郷友会」をつくり，郷友会が旧字の共有財産を管理するようになった（石原 1986: 30 - 35）。

　　こうした例は，浦添市や沖縄市などでもみられる。この場合，郷友会は自治会から派生したものであり，自治会との間で財政面での協力関係がみられることが多い（第6章，第7章参照）。しかしこれまでみてきたように，北谷町と嘉手納町の郷友会は自治会から派生したものではない。詳しくは武田（2016）を参照。

(5)　調査の過程で，北谷町の 20 の郷友会のうち，ひとつは郷友会でないことが判明した。

(6)　「郷友会」という名称を用いていない団体もあるが，ここでは表記を「郷友会」に統一する。

(7)　北谷町の郷友会調査は 2014 年 8 月〜2016 年 9 月にかけて，ひとつの郷友会に対して 1 〜 3 回実施した。以下の記述の内容は，調査時点のものである。嘉手納町の郷友会については現在，調査を継続中である。

(8)　以下では，字・屋取集落の区別なく，戦前の集落を「旧字」あるいは「字」と表記する。

(9)　ニングヮチャーとは，旧暦 2 月初めに集落住民が集まり，農作業を慰労するために開いた宴をいう（北谷町教育委員会編 1996: 101）。

(10)　共有財産収入には，軍用地料の他，土地の賃貸料や駐車場収入などがある。

(11)　地割制度の下，村落は地割と納税の単位であったので，村落から他出する者があれば，その分を残った村人たちで負担しなければならない。このため，自然発生的に転住を許されず，婚姻も村落内に限られるようになり，次第に血縁的村落化していったと，仲松弥秀は沖縄に血縁的村落が多い理由について説明している（仲松 1958: 419）。

(12)　語りの中に出てくる集落名および個人が特定される可能性がある部分については，「○○」と表記している。

■参考文献

北谷町教育委員会編，1996，『北谷町の自然・歴史・文化』北谷町教育委員会。

北谷町史編集委員会編，1988，『北谷町史第 6 巻　資料編 5』北谷町役場。

―――，2005a，『北谷町史　第 1 巻　通史編』北谷町教育委員会。

―――，2005b，『北谷町史　第 1 巻　附録』北谷町教育委員会。

―――，2006，『北谷町の地名――戦前の北谷の姿』北谷町教育委員会。

石原昌家，1986，『郷友会社会――都市のなかのムラ』ひるぎ社。

嘉手納町史編纂審議会編，2010，『嘉手納町史　資料編 7　戦後資料（上)』嘉手納町教育委員会。

町田宗博，1983，「沖縄本島中部における軍用地接収移動集落の一考察」『琉球大学法文学部紀要　史学・地理学篇』26：127‐156。

仲地博，1989，「属人的住民自治組織の一考察――沖縄県読谷村の事例」和田英夫先生古稀記念論文集編集委員会編『裁判と地方自治』敬文堂。

仲松弥秀，1958，「沖縄」木内信蔵・藤岡謙二郎・矢嶋仁吉編『集落地理講座　第 3 巻』朝倉書店。

難波孝志，2017，「沖縄軍用跡地利用とアソシエーション型郷友会――郷友会組織の理念と現実」『社会学評論』67(4)：383‐399。

杉本久未子，2017，「沖縄県読谷村の住民自治組織――その変容と可能性」『同志社社会学研究』21：25‐40。

瀧本佳史・青木康容，2016，「軍用地料の「分収金制度」(9)――流動化する沖縄社会と住民自治組織の特異性」『社会学部論集』63：55‐78。

武田祐佳，2014，「沖縄県北谷町の地域特性――行政区を足がかりにして」瀧本佳史編『軍用地と地域社会（課題番号 25285161）研究成果中間報告書第 1 輯』，36‐54。

――――，2016，「沖縄県北谷町の地域特性――旧字とのかかわりから」瀧本佳史編『軍用地と地域社会（課題番号 25285161）研究成果中間報告書第 2 輯』，56‐66。

武田祐佳・南裕一郎，2017，「嘉手納町の地域社会――自治会長へのインタビュー調査を通じて」平井順編『沖縄県の自衛隊及び米軍所在自治体における地域アソシエーションの実証的社会集団研究（課題番号 JP16H03706）研究成果報告書第 1 輯』，69‐85。

鳥山淳，2013，『沖縄――基地社会の起源と相克 1945‐1956』勁草書房。

山城千秋，2007，『沖縄の「シマ社会」と青年会活動』エイデル研究所。

山内健治，2019，『基地と聖地の沖縄史』吉川弘文館。

第6章
宜野湾市の旧字継承団体

平井　順

1　はじめに
——宜野湾の行政区——

　宜野湾は間切時代14村で構成されていた。この14の村を本村という。野嵩, 普天間, 安仁屋, 新城, 喜友名, 伊佐, 大山, 真志喜, 宇地泊, 大謝名, 嘉数, 我如古, 宜野湾, 神山である。1939年に村行政区が設置された。このとき14の本村から屋取集落の7つが独立して村行政区となった。その4年後の1943年にはさらにひとつの屋取集落が独立した。これら屋取集落を起源とする行政区が真栄原, 志真志, 長田, 愛知, 赤道, 中原, 上原, そして佐真下である。かくして22の村行政区の体制で戦後を迎えることになる。この22の村行政区を地図にしたのが図6-1である。[(1)]

　宜野湾は1962年7月1日に市制を施行した。そして22の旧字からなる村行政区の再編に取りかかる。宜野湾には接収されて米軍基地に転用された土地が多くある。普天間飛行場, キャンプ瑞慶覧, キャンプブーン, キャンプマーシーである。宜野湾市はそれらの米軍基地を除いて市民が居住できる区域に行政区を設定する必要がある。

　宜野湾市は1964年に行政区を再編した。基地に土地を大きく接収された旧字の中には, その新行政区の名称に地名が残らなかったところがある。安仁屋, 志真志, 赤道, 上原, 佐真下, そして神山と愛知である。

図 6-1　宜野湾の村行政区地図（1943 年）

　安仁屋はすべての旧字の土地が接収された。キャンプ瑞慶覧の中である。
安仁屋の旧字民は野嵩三区の区域に多く居住しているが，野嵩三区が安仁屋
区の後継行政区というわけではない。

　志真志は長田とともにひとつの行政区にまとめられた。区の名称は長田区
になった。赤道と上原は中原とともにひとつの行政区にまとめられた。区の
名称は中原区になった。佐真下は真栄原とともにひとつの行政区にまとめら
れた。区の名称は真栄原区になった。神山と愛知はともにひとつの行政区に
まとめられた。区の名称は十九区になった。

　そして当時人口が集中していた野嵩と普天間がそれぞれ 3 つに分けられた。⁽²⁾
かくして 1964 年の行政区再編によって 20 の行政区で再出発することになっ
た。野嵩一区，野嵩二区，野嵩三区，普天間一区，普天間二区，普天間三区，
新城区，喜友名区，伊佐区，大山区，真志喜区，宇地泊区，大謝名区，嘉数

区，真栄原区，我如古区，長田区，宜野湾区，十九区，中原区である。この20の行政区に対応して設立された住民自治組織が自治会である。宜野湾市の場合，これら行政区の区割りに対応する自治会であるから，「○○区自治会」というのが正式名称である。

2　郷友会のグループ

　新しい行政区に残らなかった旧字は自治会をつくることができない。また複数の旧字をまとめてひとつの行政区になったところは，それとは別に旧字単位の相互扶助の団体がほしい。すなわち新しい自治会に旧字の地名が残らなかったところのいくつかが，それに代わる旧字継承団体を結成することになる。安仁屋郷友会，神山郷友会，佐真下郷友会，そして新城郷友会である。この時期につくられたこれら4つの団体が旧字継承団体のひとつ目のグループである。これを「郷友会のグループ」と名付けることにする。

　なお，新城は新行政区に設定されており，同じ地名の自治会が存在する。なぜこれを郷友会のグループに分類するのかを説明しておこう。いまの新城は1960年代前半に返還された解放地を区画整理してできたところである。市制施行と行政区再編と同時期のことである。旧字民は野嵩や普天間にも広く散住していた。行政区が再編されると居住場所でまとめられるから，これまでの旧字民の組織を解散せざるをえないと考えた。旧集落はまだ接収されたままであり，そこに戻ることはできない。そこで1964年の新行政区発足と同時に郷友会も発足させることになった。かような設立の経緯であるから，郷友会のグループに分類するのが適切であると判断した。

　新行政区は「自治会」が旧字民の生活集団である。行政区にならなかったところは「郷友会」が旧字民の生活集団になった。

　「郷友会」という言葉には，故郷から離れて暮らす同郷の人々が親睦と相互扶助を図る団体という意味合いがある。例えば沖縄本島北部のヤンバルから那覇に出てきた同郷者の団体や，宮古島や八重山諸島から沖縄本島に出てきた同郷者の団体に郷友会という名称を用いるのが一般的である。

　これに対して沖縄本島中部に多くみられる郷友会は，旧集落が接収されて

米軍基地になったために，その集落（故郷）から離れて暮らさざるをえなく
なった旧字民の，親睦と相互扶助の団体である。それゆえ，本島中部の郷友
会には，基地に故郷を取られたというニュアンスが含まれている。

3　字有地の権利の明確化
　　　　　──自治会からの分離独立──

　1972年の沖縄返還＝本土復帰は米軍基地のある宜野湾にとって大きな画
期であった。まず宇地泊に所在するキャンプブーンと，真志喜に所在するキ
ャンプマーシーが返還されることになった。それぞれ完全返還が1974年と
1976年のことである。また大謝名と嘉数に戦後造成建築された外人住宅は
1960年代末から70年代前半にかけて軍人らが退去するのと入れ替わるよう
に，主に県内の他所から新住民が移住してくるようになった。軍用地料の大
幅な引き上げが行われたのも沖縄返還が契機になっている。すなわち宜野湾
は他所からの流入人口の増大と，軍用地料にかかる土地の権利の意識化と明
確化の時期を経験することになる。
　早いところで1970年代後半から，多くは80年代から90年代にかけて，
基地に接収されている字有地の土地の権利および財産を管理する団体が自治
会から分離独立するようになる。それまでは自治会が旧字を継承するものと
みなされていた。地代は自治会の特別会計で管理することが通例であった。
この特別会計の扱いは，例えば自治会総会のあとで旧字民会を開くところも
あれば，自治会で決議するところもあった。中には自治会長が単独で管理し
ていたところもあるという。この特別会計を分離独立させる動きがこの頃に
進んだのである。
　字宜野湾は1978年に郷友会を設立した。大謝名は1980年頃に獅子舞保存
会を設立した。獅子舞保存会という名称であるが単なる民俗芸能の団体でな
く，正式に大謝名の旧字を継承する団体である。真栄原は1981年頃に郷友
会を設立した。愛知は1985年時点で地主会という名称が使われていた記録
がある。2000年時点でかじまや会の名称が使われている。宇地泊は1990年
に地主会を設立した。伊佐は1993年から検討を始め1998年に共有財産保存

会を設立した。のちに財産保存会という名称を採用している。我如古は1997年に郷友会を設立した。大山は2006年に財産保存会を設立した。野嵩は設立年不明であるが、財産管理委員会を立ち上げ、財産管理運営委員会に名称を改め、のちに友の会という団体名称を採用している。

　普天間と真志喜は1950年代に旧字の団体を設立している。普天間は1952年に字普天間祈願係むら役目として始まったとの記録がある。その後行事保存会等の改称期を経て1972年に郷友会という団体名称を採用している。真志喜は1954年に共有財産保存会を設立した記録がある。これは広大な森林を含む字有地の管理を図るべく財産区を検討したが制度的にかなわず、代わりに保存会を設立したという。

4　財産保存会のグループ

　この字有地の権利の明確化の時期に設立された旧字継承団体は団体名称にバリエーションがある。宜野湾市には先んじて「郷友会」と名付ける団体が存在していたことから、旧字継承団体にはそう名付けるものという認識のもと郷友会を採用するところがある。字宜野湾、真栄原、我如古、普天間がこれに該当する。例えば我如古が旧字継承団体を設立する発端は1972年に拝所やため池を売却した代金の処理であった。当初は自治会の一般会計に計上されていたが、この保全を図ろうというものだった。会則は新城、神山、字宜野湾、大謝名、喜友名の5つを参考にしたという。いずれも本村であり、うち3つは団体名称に郷友会を採用しているところである。

　その認識とは逆に、宜野湾では郷友会という名称は自治会のないところの団体名称として使われていたので、意識的にその名称を避けたところがある。大謝名、愛知、宇地泊、伊佐、大山、野嵩、真志喜がこれに該当する。土地財産を管理する直接的な団体名称として財産保存会や地主会などが採用された。

　字有地の権利の明確化の時期につくられたこれら11の団体が旧字継承団体の2つ目のグループである。これを「財産保存会のグループ」と名付けることにする。

もちろん，字有地の権利の明確化は先にみた「郷友会のグループ」の４団体にも共通する問題であった。郷友会設立時に必要とされた親睦および相互扶助に加えて，字有地の権利の明確化とその管理が団体の活動目的の重要な部分を占めるようになるのである。

　宜野湾の15の旧字継承団体は，2000年代初め以降，法人化が検討課題になる。法人化は，共同名義の相続に派生する問題と，登記費用の抑制を図るための対策である。法人化の先鞭をつけたのが伊佐であった。2003年に中間法人を設立した。2008年に一般社団法人に改称されている。それに続くようにすでに法人化を果たしたところがある。検討中のところや検討の結果見送ったところもある。2020年現在，宜野湾の独立した旧字継承団体15団体のうち，野嵩，普天間，伊佐，大山，真志喜，大謝名，真栄原，佐真下の８団体が一般社団法人である。

　そしてこの頃，字有地に固定資産税が課されるようになった。宜野湾市は2007年度以後の税の減免の扱いを厳格化した。それまでは字有地であれば非課税の扱いであった。収益があがる土地には，それが字有地であろうとも課税することになった。収益があがらない字有地，例えば集会所や拝所は公益減免されるので，これまでどおり税負担はない。すなわち地代収入のある字有地には固定資産税が課されるようになったということである。

5　旧字民と新住民

　1964年の新行政区に旧字の地名が残ったところは，自治会が旧字継承団体であった。自治会の大部分は旧字民で構成されていた。他所から移り住んできた人は例外的な扱いであった。戦後相当の時期まで行政区および自治会は「属人的」なものであった。メンバーは旧字民であること，居住場所は散住を余儀なくされるところもあり二の次であった。行政区再編は自治会を「属地的」なものにしようという取り組みであるが，属人的な感覚はその後一定の時期まで残存していた。

　それゆえ移住者はそもそも旧字民中心で構成されている自治会に加入したいわけではない。自治会の側も無理に加入してほしいと思っていない。しか

し制度的に市に転入届を出すときに自治会長の証明が必要であった。だから加入せざるをえなかったというのが1968年に転入してきた人の当時の記憶である。新住民の自治会との関わりは基本的にそれきりであるが、いつの頃からか粗大ごみの収集単位が自治会ごとになってからは、新旧の別なく自治会に関わり続けることが通常になってくる。かくして恒常的に自治会に関わる新住民の割合が増大してくる。そこに次のような問題が生じてくる。新住民に対して旧字の御願行事への参加を強く求める必要があるのか、そもそも自治会行事であり続けるべきなのか。字有地は共有地であるから「みんなのもの」であるが、その「みんな」とは誰であるかの明確な線引きが意識されるようになってきた。

　村屋、カー（井泉）、クムイ（池沼）、御嶽が代表的な字有地である。それらの土地が基地として接収されているとその地代が入ってくる。その収入の管理の仕方は一様でないが、自治会の特別会計のように別建てで管理していた。その特別会計を「みんな」のために使う。そのみんなとは誰であるか、新住民を含めて自治会員すべてなのか。それとも旧字民のみであるか。

　これはすぐれてセンシティブな問題である。しかし土地の法的権利の観点からして字有地は旧字民のものということで処理されている。宜野湾の旧字継承団体の会員資格の多くは、旧字に本籍があり屋号付き所帯を承継する直系および分家所帯ということで運用されている。

6　自治会への還元

　字有地からあがる地代収入は旧字民のために使うというのが基本である。しかし宜野湾ではその基本は管理主体としてはそうであるが、実際には自治会にいくらか還元しているところも多い。

　例えば、公民館の建て替え資金の寄付がある。しばしば字有地を売却してその資金を捻出することもある。

　また自治会への毎年一定額の融通を定めているところがある。もしくは自治会からの要請に応じてその都度融通するところもある。7つの旧字継承団体がそうした融通を行っている。数万円から数十数百万円の助成金など名目

と金額は様々である。

　そして，敬老会や生年祝いの祝い金を出すこともある。旧字継承団体主催であれば生年祝い，自治会主催であれば敬老会というのが多い。自治会の敬老会に旧字継承団体が毎年一定額の援助金を支出することも多い。生年祝いの場合は旧字民の老人に限るのが基本である。地代収入の潤沢さは，そもそも祝い金を出す出さない，祝い金の額の設定，祝う対象年齢を何歳に設定するかに大きく反映する。

　その他に旧字継承団体が保有する公民館用地を無償貸与している例も多い。中には旧字継承団体の財産すべてを自治会に還元するというところもある。例えば真志喜は財産を会員のみに使うことなく，自治会の活動に使うという。伊佐は旧字継承団体を設立して，基地の内側にある字有地を管理するようになった。しかし基地の外側にある字有地は以前のまま変わらず自治会が管理し，その土地建物からあがる収入は直接自治会に計上するようにしているという。

7　自治会行事であり続ける御願行事

　宜野湾では，同じ地名を有する旧字継承団体と自治会の結びつきは強いといってよいだろう。旧字の御願行事が自治会行事であり続けているところにその特徴がある。旧字の御願行事はそれぞれの地区によって内容が異なる。例えば，旧暦1月の初ウビー，2月の土帝君拝み（トゥーティークー），3月の清明祭（シーミー），6月の大綱引き，12月の解御願（フトチウガン）のほか，ウマチー，腰憩（クシユキー），産泉拝み（ウブガー），獅子舞，シマクサラシなど，それぞれの地区に伝承されてきた行事が行われている。

　これらの旧字行事について，野嵩一区，伊佐，大山，真志喜，宇地泊，我如古，喜友名，嘉数は自治会の行事として行っている。いっぽう安仁屋，佐真下，神山，普天間，新城は旧字継承団体（郷友会）の行事である。大謝名と字宜野湾は基本的に旧字継承団体の行事であるが，豊年祭や大綱引きなど一部の行事は自治会との共催で行うものもある。

　なお，戦後の行政区再編で新たに設置されたところ（野嵩二区，野嵩三区，普天間二区，普天間三区）と1979年に独立の自治会として認定されたとこ

ろ（大謝名団地，上大謝名，嘉数ハイツ）はそもそも御願行事がない。また屋取集落だったところのいくつかも旧字の御願行事がない，もしくは途絶えてしまっている。長田，志真志，愛知，赤道，中原，上原は現在御願行事を行っていない。屋取集落で現在も旧字の御願行事を継続しているのは佐真下と真栄原の2つだけである。

かくしてその役割分化は，自治会が一般的な自治会行事と旧字の御願行事を行い，旧字継承団体が資金面での援助を行うというものが多い。

8　自治会が旧字継承団体であり続けているところ

これまでにみてきたように，宜野湾には独立した旧字継承団体が15団体設立されている。郷友会のグループが4団体，財産保存会のグループが11団体である。

それらのほかに旧字継承団体を分離独立させず，自治会が旧字継承団体であり続けているところが2つある。喜友名と嘉数である。いずれも本村である。旧字の御願行事はもちろん自治会で行っている。これら2つは字有地の管理も自治会が行っている。字有地の権利へのアクセスは自治会メンバーに開かれており，旧字民に限られることはない。これら2つの自治会は旧字継承団体である。すなわち宜野湾には17の旧字継承団体が存在していることになる。

喜友名区自治会は，公民館，カー，クムイ，合祀祠，慰霊塔などを管理している。自治会名義で登記できないので，代表者数名の共同名義で登記している。旧字民は基本的に皆自治会に加入している。移り住んできた世帯にも特に一戸建ての世帯には加入してもらうようにしているとのことである。喜友名の土地は多くを接収されたが，元集落の場所は接収されなかったので，ほぼ屋号地図のままの集落配置である。世代が代わってマンションに建て替わっているところもある。基地の中にカーやクムイといった字有地がある。その軍用地料は自治会の特別会計に入る。旧字の御願行事も自治会の行事である。生年合同祝いも自治会の行事である。13歳，61歳，73歳，85歳の生年祝いを行う。

嘉数区自治会は字有地のすべてを管理している。認可地縁団体として法人化しているので，自治会名義で登記している。ここには軍用地料収入はない。しかし字有地の土地建物からあがる収入がある。これらの収入はひとまず自治会の特別会計に入れて，必要に応じて一般会計に融通するという。こちらの自治会は生年祝いでなく敬老会を行っている。

　本村で旧字継承団体を分離独立させていないのはこの2つの地区だけである。しかもその存在の仕方は，地代収入源においても法人化の有無においても固有である。

9　旧字継承団体の会員資格

　旧字継承団体の会員資格は旧字民であることを原則とするが，その規定の仕方にバリエーションがある。まず旧字に本籍がある屋号付き所帯であるというのが基準となる。そのうえで居住場所を問わないところが5つある。野嵩，普天間，宇地泊，大謝名，佐真下である。現住規定がないので，東京に住んでいてもよいし，関西に住んでいてもよい。

　次に沖縄本島に在住していることを条件にしているところが2つある。安仁屋と神山である。宜野湾市内に在住していることを条件にしているところがひとつある。新城である。

　そして区内に在住していることを条件にしているところが7つある。伊佐，大山，真志喜，真栄原，我如古，字宜野湾，愛知である。大山は法人設立時までに区内に在住のことという規定がある。字宜野湾と愛知は，区内在住者を正会員，区外在住者を準会員とする規定がある。補足的に書き加えておくと，自治会が旧字継承団体である喜友名と嘉数はもちろん区内在住が条件となる。この2つを加えると，区内に在住していることを条件にしているところは9つである。

　その他に会員資格に関わるものとして，分家を認めるか否かがある。直系所帯のみがその資格を継承するとして分家を認めないところがある。これは宇地泊のひとつだけである。その他の団体は分家に会員資格を認めている。縁故者であれば嫁婿を認めるところもある。他所に嫁いだ本人は認めるがそ

の子は認めないというところもある。

　また会員資格は旧字民であることが原則であるが，但し書きに年月日で区切って資格を定めているところもある。例えば，郷友会設立時の 1963 年 1 月 1 日現在安仁屋区に籍を有するもので希望者を含む（安仁屋），1955 年 12 月 31 日現在において新城区に住所を有する者の希望者を含む（新城），1963 年 12 月 31 日迄に字佐真下と称し住民登録をなしたる戸主（佐真下），1963 年 1 月 1 日現在，本籍又は住居を字神山に有し沖縄本島内に在住する加入希望者（神山），といった資格基準が設けられている。⁽³⁾

　なぜこのように年月日で区切った規定になっているのだろうか。いくつかの団体に問うも，当時の意図はよくわからないという。推察するに，1964 年の行政区再編の当時「旧字民」に限定すると排除される人がいたための現実的な例外規定だったのではなかろうか。これらの規定は行政区再編に伴う郷友会のグループにみられるものだからである。

　それに対して後発の旧字継承団体である財産保存会のグループは，屋号付きの所帯であることを基準に旧字民を規定するところがほとんどである。会員資格は旧字民であることに加えて，区内在住を条件にして現住者に限定するか，逆に旧字民でありさえすれば現住地はどこでもよいかに大きく分かれる。

10　戦後の移住者が多い地域
——旧字継承団体が設立されなかったところ①——

　旧字継承団体が設立されなかったところを確認しておこう。まずは当然のことであるが旧字でないから設立されなかったところである。

　1964 年の行政区再編で新設された野嵩二区，野嵩三区，普天間二区，普天間三区について。戦前の野嵩区と普天間区はこのとき野嵩一区と普天間一区が継承した。野嵩二区はかつて行政の中心の村役場があったところであり，娯楽施設も多くあったところである。野嵩三区は様々な住民が集住していたところである。安仁屋の旧字民のほか，本島北部の出身者も多いという。普天間二区は商店街として発展したところである。普天間三区は米軍解放地を

図 6-2　宜野湾市の自治会地図（1979 年）

区画整理して寄り合いで復興した商住地区である。すなわちこれらは旧字で
なく戦後の移住者で構成されているところであるから，旧字継承団体は設立
されなかった。

　1979 年に独立の自治会として認定された大謝名団地，上大謝名，嘉数ハイ
ツについて。上大謝名と嘉数ハイツは戦後の基地役割の増強に伴い外人住宅
として新規造成されたところに県内移住者が多く住むようになって自分たち
のコミュニティーを形成したところである。それゆえ本村の行政区である大
謝名区や嘉数区とはほとんど関わりを持たない。当初は宮古島出身者や本島
北部離島の出身者などが多かったという。大謝名団地は県営住宅の団地であ
る。すなわちこれらも旧字でなく戦後の移住者で構成されているところであ

122

るから旧字継承団体は設立されなかった。

　ちなみに 1979 年に認定された 3 つの自治会は行政区ではない。行政区は 1964 年に再編されたあと一度も改められたことはない。20 の行政区に対応する自治会と違ってこれら 3 つの自治会は「○○区自治会」でなく「○○自治会」である。現在ではこの「区」一字が含まれるか否かで現実的な扱いの差異は特段みられない。月例の行政連絡会議，通称区長会は 23 自治会が等しく参加している。この 23 の自治会を地図にしたのが**図 6-2** である。

11　屋取集落の旧字のいくつか
——旧字継承団体が設立されなかったところ②——

　いま現在，宜野湾においてどこそこが屋取集落を起源とするところであるというのはほとんど取りあげられることのない話題である。いまの生活にそれが影響を及ぼすことはない。当の本人であっても大人になるまで知らなかったという話もよく聞く。屋取であるというのは両義的な意味合いが込められている。祖先をたどると琉球士族の流れをくむという自負心と，他所から来て住み着いた寄留民という意味合いである。屋取と本村は言葉が違うし，婚姻関係を結ぶこともなかった，などなど。これら民俗的なことがらはもはや昔話である。しかし旧字継承団体の設立について考察するためには欠かすことのできない重要な要素である。行政区再編のときに，本村の旧字はほとんど単独で新行政区に設定されているのに対し，屋取集落を起源とするところは 2 つ 3 つの旧字がまとめられてひとつの新行政区に設定されている。

　屋取集落を起源とする旧字のうち旧字継承団体を設立したところは，真栄原，佐真下，愛知である。長田，志真志，赤道，中原，上原は団体を設立しなかった。屋取集落は琉球士族の移住者であるから，そもそも字有地をあまり多く持たない。村屋が字有地であるほか，闘牛場といくつかの拝所がある程度である。

　長田と志真志は公民館建設のために村屋を売却したので字有地はなくなったという。赤道，中原，上原も戦後の混乱期に接収されたが，まだ地代が払われ始める前に村屋等の土地は売却されたという。字有地がなくなった屋取

集落に旧字継承団体は設立されない。御願行事も途絶えたようだ。行政区再編のときに長田と志真志は長田区自治会として再出発することになった。赤道，中原，上原は中原区自治会として再出発することになった。屋取集落は村拝みより門中行事が中心であったということもあろうが，これらの自治会で旧字行事が継承されることはなかった。

12　ま と め
——旧字継承団体のこれから——

　宜野湾の旧字継承団体の成立と活動は宜野湾市の戦後の歴史を映す鏡である。人はその時々の社会状況に応じて必要なアソシエーションをつくり出す。行政区再編に伴って旧字を継承する自治会を設立できないところに郷友会がつくられた。また字有地の地代の管理の明確化が表面化してきたときに財産保存会がつくられた。それと併行するように，設立当初は自治会に代わる相互扶助の団体であった郷友会において，財産管理の役割が活動目的の重要な部分を占めるようになる。

　現在進行形のキャンプ瑞慶覧の西普天間住宅地区の返還とその跡地利用には４つの旧字継承団体が関わっている。安仁屋，普天間，新城，喜友名である。また今後返還が本格化する予定のキャンプ瑞慶覧のインダストリアル・コリドー地区南側部分には伊佐も関わってくる。そしてゆくゆくは普天間飛行場もと期待される。

　宜野湾では米軍基地の存在が旧字継承団体を設立する社会背景のひとつであったことは間違いない。しかし，今後米軍基地がすべて返還されたならば旧字継承団体がその役割を終えるかといえば，決してそのように単純なものではない。数十年かけて旧字継承団体は時代と社会に適応して変化してきたのである。

　旧字継承団体の財産管理の役割はおおむね次の４つの要素からなる。１つ目は，拝所や集会所（公民館）の管理である。これは単なる土地所有の問題ではない。村拝み等の旧字行事の存続に関わることがらである。

　２つ目は，字有地を処分して得た代金の管理である。例えば，道路の拡幅

や土地区画整理事業にかかる補償金の管理がある。また公民館建設資金を捻出するために字有地を売却して充てた残金の管理がある。

　3つ目は，基地の外側にある字有地の土地建物からあがる賃借料収入の管理である。すでに多くの団体が何らかの収益化に取り組んでいる。4つ目は，基地の内側にある字有地にかかる軍用地料の管理である。

　宜野湾の旧字継承団体の中には，これら4つをすべて担っている団体もあれば，ひとつだけを行っている団体もある。基地の返還は4つ目の要素の消滅を意味する。その字有地は1・2・3の要素のいずれか，もしくはいくつかに置き換わることになる。これらの役割要素を縮小しながら整理していくプロセスの向こう側に，団体の解散という選択もありえるかもしれない。

　先にみたように宜野湾の特徴は，村拝みなどの旧字行事の多くが自治会の行事のまま継続していることにあった。だから財産保存会のグループの団体は財産管理の役割を自治会に移したうえで解散しても，その自治会が御願行事を行い続けることができる。それに対して郷友会のグループの団体はそうはいかない。継承する自治会がないからである。

　旧字継承団体が存続するか解散するかは，戦前からの住民であるというメンバーシップが今後も必要とされるかにかかっている。ほかの市町村の旧字継承団体には解散事例がある。宜野湾市には解散事例はまだない。

　旧字継承団体が設立されてから数十年経つ。長らく戦前生まれの先輩方で占められていた中心メンバーが，戦後生まれ世代に交代しつつある。現時点での中心メンバーの世代は，戦前の集落の相互扶助などの話を聞かされて育ったであろう。旧字を具体的にイメージできる最後の世代かもしれない。「屋号」で旧字民を把握できるか否かがそのボーダーラインになるだろう。その子の世代はもはや屋号で把握できないであろうというのが大勢の意見であった。さらにその孫の世代になったとき旧字継承団体は存続するのだろうか。そのときの団体の役割はどのように変化しているだろうか。

　宜野湾市から米軍基地が完全に撤退するまであとどれほどの年月を要するだろうか。民意が望む望まないにかかわらず，基地返還のプロセスは進展する。そのプロセスに呼応するように，ある団体はその役割や活動内容を変化させて存続するだろう。またある団体は役割を終えたとして解散を選ぶだろ

う。宜野湾に米軍基地がなくなったとき，「旧字民」というカテゴリーが必要であり続けるだろうか。旧字継承団体の今後のありようを追いかけていきたいと思う。

(1) 図6-1 および図6-2 は，宜野湾市青年エイサー歴史調査会（2015）をもとに作成した。

(2) 新行政区の設置については，1951 年に普天間二区が新設されている。この旧普天間二区は行政事務取扱い上，戦後に他所から来た居住民を登録するための行政区として設置されたものである。名称は同じであるが1964 年に新たに区域を設定された現行の普天間二区と直接の連続性はない。

(3) 上記佐真下の会則は1964 年のものである。1993 年に改正した会則では，旧字佐真下（1962 年6 月30 日以前）の区民とその縁故者（嫁婿），に変更されている。

■参考文献
新城区自治会，1973，『十周年記念誌』。
新城郷友会，2000，『新城誌──新城郷友会誌』。
字宜野湾郷友会，1988，『ぎのわん──字宜野湾郷友会誌』。
普天間一区自治会，1994，『三十周年記念誌　普天間』。
我如古区自治会，1987，『我如古区公民館（学習等供用施設）落成記念誌』。
宜野湾区自治会，1979，『宜野湾公民館落成記念』。
宜野湾市軍用地等地主会，2014，『創立 60 周年記念誌』。
宜野湾市基地政策部基地渉外課，2009，『宜野湾市と基地』。
宜野湾市教育委員会，1985，『宜野湾市史　第 5 巻　資料編 4　民俗』。
──────，1996，『口承民俗文化財記録保存調査報告書　ぎのわんの西海岸』。
──────，2003，『ぎのわん市の戦跡　第 2 版』。
──────，2012，『市内民俗芸能調査報告書　ぎのわんの地名──内陸部編』。
──────，2016，『宜野湾　戦後のはじまり　第 2 版』。
──────，2004‐2014，『市史だより　がちまやぁ』（逐次刊行物）。
宜野湾市立博物館，2000 ＋，『はくぶつかんネット』（逐次刊行物）。
宜野湾市青年エイサー歴史調査会，2015，『増訂　宜野湾市のエイサー　継承の歴史』榕樹書林。
伊佐区自治会，1989，『伊佐公民館落成記念』。
──────，2011，『伊佐誌』。

石原昌家，1986，『郷友会社会——都市のなかのムラ』ひるぎ社。

十九区自治会，1985，『19区学習等供用施設（公民館）落成記念誌』。

嘉数区自治会，1986，『嘉数区公民館兼体育館落成記念』。

神山郷友会，2012，『神山誌』。

喜友名区自治会，1979，『喜友名公民館落成記念』。

————，2015，『喜友名誌　ちゅんなー』。

古波蔵清次郎，2003，『報恩の村おこし』沖縄自分史センター。

真栄原区自治会，1981，『真栄原地区学習等供用施設（公民館）落成記念誌』。

真志喜区自治会，1974，『真志喜公民館落成記念誌』。

長田区自治会，1984，『長田区自治会45周年記念誌』。

仲松弥詳，1980，『ふるさと愛知』。

沖縄県知事公室基地対策課，2013，『沖縄の米軍基地』。

————，2018，『沖縄の米軍及び自衛隊基地（統計資料集）』。

大山区自治会，1997，『大山区公民館（学習等供用施設）落成記念誌』。

佐真下郷友会，1992＋，『さました——宜野湾市佐真下郷友会誌』（逐次刊行物）。

上大謝名自治会，2000，『上大謝名自治会創立二十周年記念誌』。

宇地泊区自治会，2016，『宇地泊区公民館落成記念』。

第7章
基地に面した自治会の機能と関係
—— 浦添市を事例として ——

栄沢直子

1　自治会の加入率と組織率

　近年，少子高齢化や近所付き合いの希薄化などを背景に，自治会の加入率の低下や活動の停滞などが全国的な課題となっている。本章が対象とする沖縄県の県庁所在地である那覇市の自治会の加入率も，全国水準をはるかに下回っており，那覇市に隣接する浦添市でも自治会の加入率は 20.7%（2019（平成 31）年 1 月末日現在）にとどまっている。

　黒田（2013）によれば，自治会の加入率が低いといった場合 2 つのケースが考えられ，ひとつは自治会そのものは市域全体で組織されているが，個々の自治会への加入率が低いケース，2 つは個々の自治会への加入率は高いが，市域を覆う形では自治会が組織されていないケースである。ひとつ目のケースは，組織率は高いが加入率が低い（「市全域が町・字単位で自治会が組織されている」（高橋 1995: 185））浦添市など「那覇市以外の他市の場合」，2 つ目のケースは，加入率は高い（地域もある）が組織率が低い（「自治会は町や字を単位として組織されているとは限らない傾向がある」（高橋 1995: 185））那覇市の場合が考えられる。こうした考えのもと，黒田（2013）は，前者の「組織率は高いが加入率が低い」理由として，第 1 に「伝統的なシマを母体として旧町・字単位に組織された」（黒田 2013: 248）共同体型自治会の凝集性の強さ，第 2 に「異郷における同郷集団」（黒田 2013: 252）である郷友会の存

表 7-1　自治会の加入率が低い 2 つのケース

加入率	組織率	理由	市	理念型
低い	高い	①共同体型自治会の凝集性の強さ ②郷友会の存在	浦添市	二重組織型 解体型
高い	低い	①新住民の面的集住地域⇒自治会の組織化の必要性と力量 ②新住民の点的集住地域⇒受け入れ側（共同体型自治会） 　の対応	那覇市	郷友会型

在を挙げている。

　一方，後者の「加入率は高い（地域もある）が組織率が低い」理由については，新住民が面的に集住している地域，例えば「農地や林野など従来は宅地開発がなされていない空間に住宅が建てられて，そこに流入人口が定着する」（黒田 2013: 248）過程での自治会の組織化と関わっており，そのありようは，住民が自治会の必要性を感じるかどうか，また必要性を感じたとして，実際に自治会を組織する力量があるかに左右される（**表 7-1 参照**(4)）。

　こうした議論を踏まえて，本章ではとくに，前者の「組織率は高いが加入率が低い」理由のひとつとされている共同体型自治会に焦点を当てる。他方，後述するように，那覇市には自治会と郷友会の 2 つの面を持つ「郷友会型自治会」が少なからず存在しており，同じく浦添市にも，新住民と旧住民からなる自治会と，旧住民だけで構成される郷友会（共有地地主会）が併存する「二重組織型」に分類される自治会（行政区）がみられる。これら「共同体型自治会」の外延にあたる「郷友会型自治会」や「二重組織型自治会」では，自治会と郷友会はどのような関係にあり，またどのように地域で必要とされる機能や役割を分担しているのだろうか。

　本章では，沖縄独自の自治会の型と思われる「郷友会型自治会」や「二重組織型自治会」に照準を合わせ，1990 年代の那覇市の自治会のありようから析出された理念型である「郷友会型自治会」が，隣接する浦添市の自治会の現状分析の枠組みとしても援用できるかという問題関心のもと，とくに「二重組織型」および「解体型」に含まれる自治会の事例研究を通して，自治会と郷友会が併存する意味や自治会から郷友会を切り出す意義などについて考察することを目的とする。つまり高橋（1995）の仮説の検証と「郷友会型自

治会」のありようの検討が課題となる。

　以下，郷友会型自治会の分類についてみた後（2），浦添市の概要と浦添市史編集委員会（1987）による自治会の類型を確認し（3），「二重組織型」および「解体型」に含まれる自治会の事例研究を行う（4）。最後に自治会と郷友会の相補関係について考察する（5）。

2　郷友会型自治会の分類

　高橋（1995）によれば，沖縄では住民組織，とりわけ自治会への加入は，「容易に認められる場合もあれば，全く認められない場合，または限定つきでしか認められない場合」があり，「これは，同一の家郷への帰属志向性の強さ，いわば家郷志向性の強さを意味するものであり，多かれ少なかれ住民組織の自足性（ないし）閉鎖性に通じるものである」（高橋 1995: 188）とされる。つまり自治会への加入は，全戸加入型，任意加入型，加入制限型（郷友会型）の３つの型に分けられ，とくに郷友会型は，「会員が同じ家郷（旧字）出身者およびその親族（分家）によって構成され，したがって必ずしも同一地域に居住しているとは限らないが（そのため，居住先の自治会にも所属し，いわば二重所属の場合も生じる），少なくとも同じ家郷であることを心情的な絆として結合している」（高橋 1995: 198）[5]。

　一般に郷友会は郷里（出身地）を単位として組織されるのに対し，自治会は現住地を単位として組織される点で両者は異なるが，那覇市では出身地を単位として組織され，「同じ家郷（旧字部落）の住民（のみ）から構成され，旧部落の共有財産（共有地等）をもった自治会」（高橋 1995: 206）が少なからず存在する。これは自治会と郷友会の性格を併せ持つ組織，つまり「郷友会型自治会」と呼ばれている。郷友会型自治会は，一方で「自治会の会員が郷友会の会員と同じに限定されるか〔……〕限定されないか」（高橋 1995: 198）によって，つまり**図7-1**の横軸を境に（縦軸に沿って），限定型と非限定型に分類される。他方で住民が郷里を離れるか留まるかによって，つまり**図7-1**の縦軸を境に（横軸に沿って），離郷型と在郷型に分類される。離郷型は，「郷里の土地が軍用地化などによって，住民のすべてが出郷を強いられ，そ

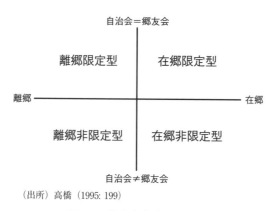

（出所）高橋（1995: 199）

図7-1　郷友会自治会の分類

の出郷者が移住先で集団を結成したとする。この集団は，もちろん，出郷先で同郷を絆に作った郷友会であるが，郷里を離れていなければ自治会となったはずの集団でもある」（高橋 1995: 198）。一方，在郷型は，「住民は郷里の先祖伝来の土地を離れず居住しつづけるのだが，郷里の都市化の進行により転入者・異郷人が増加するなかで，自治会などの住民組織を旧来通りそのまま維持しつづけ，転入者を会員として簡単には容認しない場合である。これは，本来は自治会の集団であるはずだが，郷里が異郷化するなかで，否応なしに郷友会の性格を強く帯びてきたものである」（高橋 1995: 199）。本土ではこれを「地主会」と呼んでいる地域もある。

　ここで言われている「郷友会の性格」とは，あくまで理念的な意味合いであるが，自治会の「開放性」と対置される郷友会の「閉鎖性」を含意している。こうした郷友会型自治会の成り立ちには，郷里の「軍用地化」を契機とするものと「異郷化」を契機とするものとがあり，前者の「郷里の「軍用地化」を契機とする」離郷型の郷友会型自治会では，直接的ないし間接的に「軍用地料が自治会の収入」（黒田 2013: 249）となっている。浦添市の自治会でいえば，城間，屋父祖，仲西（直接的），小湾（間接的）が該当する。間接的に「軍用地料が自治会の収入」となっている場合，軍用地料はまず郷友会に入った後，郷友会から自治会に補助金等として支出されている。後者の郷里の「「異郷化」を契機とする」在郷型の郷友会型自治会は，浦添市の自治会

132

でいえば，宮城，安波茶（あはちゃ）などが該当する。

　ここでは，ひとつに軍用地料を含めた共有財産の利益管理機能が郷友会型自治会の「閉鎖性」を形作っていることが推測される。2つに郷友会型自治会から郷友会が切り出され（分離され）ずに自治会と郷友会が一体化していることで，郷友会型自治会が「新住民の加入に対してあまり積極的」（黒田 2013: 251）ではなくなり，そこから自治会の加入率が低迷するという状況を導いていることが推測される。

3　浦添市の概要と自治会の類型

(1) 浦添市の概要

　浦添市は沖縄本島南部に位置し，東は西原町，南は那覇市，北東は宜野湾（ぎのわん）市に接している。面積は 19.48 km²，人口は 11 万 5131 人，人口密度は 5910 人/km² で（2019（令和元）年 10 月末現在），人口は那覇市，沖縄市，うるま市に次いで県内で 4 番目に多く，人口密度は那覇市に次いで 2 番目に高くなっている。

　浦添は琉球王朝発祥の地とされ，「津々浦々をおそう」，つまり諸国を支配するという意味の「ウラオソイ（浦襲い）」を語源としており，それが転じて「ウラシイ」となり，後に「浦添」の文字があてられた。

　市域の 14.1% を米軍施設（牧港補給地区）が占め，牧港（まきみなと）補給地区は米軍の強制的な土地接収により 1948（昭和 23）年に基地が建設され，現在に至っている。2006（平成 18）年の日米安全保障協議会委員会（SCC）で，牧港補給地区を含む嘉手納飛行場以南 6 施設の軍用地の返還に合意されており，こうした経緯から，浦添市には年間 15 億円を超える基地関係収入がある（歳入総額（決算額）の 3.5%）。

　浦添市では春の風物詩として沖展，てだこウォーク，東京ヤクルトスワローズキャンプ等，また夏の風物詩として浦添てだこまつり等のイベントが催されている。

(2) 自治会の類型

浦添市では平成31年1月末日現在，41の自治会が組織されている[11]。各自治会は「行政区」に位置付けられ，「地域のコミュニティ活動の活性化を図ること及び自治会の円滑な運営を助長する」（浦添市自治会行政運営補助金交付規程）ことを目的に，均等割，人口割，防犯灯電気料，コミュニティ活動費などで算定された自治会行政運営補助金が交付されている[12]。

浦添市の自治会は，成立過程などから戦前型と戦後型に大別され，とくに戦前型の自治会は旧字名を冠していることから，「地域を代表する組織」のようにみられているが，その周囲には開発行為に伴う新たな自治会が組織されており，中には市が把握していない「任意」の自治会もある。当然「任意」の自治会には行政運営補助金は交付されておらず，「浦添市自治会区域及び事務連絡区域の分離設定基準に関する取扱要領」によれば，「既存の区域の分離ができる地域」の設定基準，つまり自治会（行政区）として市の認可を受ける条件は，「おおむね1,000人（約300世帯）以上」とされている。

上述したように，浦添市の自治会は戦前型と戦後型に大別されるが，浦添市史編集委員会（1987）は，それを成立過程から3通りに分類している。第1に近世以前の古村落の伝統を受け継ぐ自治会（古村落型），第2に近世以降に成立したいわゆる新村落の伝統を受け継ぐ自治会（新村落型），第3に戦後になって新住民が設立した自治会（戦後型）である。第1の古村落型と第2の新村落型が戦前型にあたる。第1の古村落型は，『琉球国由来記』にその名がみられ，第2の新村落型は，古村落の周辺に寄留したハルヤーまたはヤードゥイ（屋取）と呼ばれる集落が独立したもの，第3の戦後型は，都市化が進んだ昭和30年代以降に成立した自治会である。

3通りの自治会は，さらに新旧住民の関係から，①新住民型，②新村落型，③解体型，④地元型，⑤二重組織型に細分化される（**表7-2**参照）。①新住民型は，戦後に新たにつくられた自治会で，よそから移り住んだ新住民で構成される。②新村落型は，村落としての成立は比較的新しいものの，かつての村落のありようが現在の自治会に受け継がれ，自治会として祭祀を行っている。新旧住民の区別が明確で，旧住民を中心に自治会が運営されている点で，①新住民型と異なる。③解体型は，新旧住民が一体化し，旧来の組織が形骸

表 7-2　浦添市の自治会の類型

平成 31 年 1 月末日現在

類型		自治会	自治会加入世帯数	自治会加入率
戦前型	新村落型 ②新村落型	当山，大平，経塚，港川	最大値：290（経塚） 最小値：197（港川） 平均：248	最大値：35.6%（当山） 最小値：8.8%（港川） 平均：17.9%
	古村落型 ③解体型	城間，屋富祖	最大値：513（屋富祖） 最小値：385（城間） 平均：449	最大値：23.9%（屋富祖） 最小値：17.7%（城間） 平均：20.8%
	④地元型	仲間，伊祖，牧港，沢岻，前田，西原一区，西原二区	最大値：482（牧港） 最小値：216（西原一区） 平均：282	最大値：24.4%（牧港） 最小値：11.1%（前田） 平均：18.9%
	⑤二重組織型	安波茶，宮城，仲西，小湾，勢理客，内間	最大値：840（内間） 最小値：116（安波茶） 平均：416	最大値：26.5%（勢理客） 最小値：12.3%（小湾） 平均：16.9%
戦後型	戦後型 ①新住民型	広栄，茶山，緑ヶ丘，浦城，浦添ニュータウン，牧港ハイツ，浦添グリーンハイツ，浅野浦，前田公務員宿舎，港川崎原，上野，マチナトタウン，神森，浦西，安川，当山ハイツ，浦添ハイツ，県営経塚団地，浦添市街地住宅，県営沢岻高層住宅，陽迎橋，県営港川団地	最大値：413（浦添ニュータウン） 最小値：46（広栄） 平均：178	最大値：108.0%（県営港川団地） 最小値：11.6%（広栄） 平均：53.2%

化している。人口の流入が激しく，自治会加入世帯に占める旧住民の割合が低いこと，戦後の早い時期から都市化が進んだことで，意識のうえでは新旧住民の区別が明確である一方，婦人会や青年団などの下位組織の解体や伝統行事の消失が目立つ。④地元型は，自治会加入世帯に占める旧住民の割合が高く，地域区分や下位組織，自治会運営などに旧来の村落の伝統が継承されている。⑤二重組織型は，新住民と旧住民からなる自治会と，旧住民だけで構成される「共有地地主会」などの組織が併存している。自治会加入世帯に占める旧住民の割合はそれほど高くなく，新住民に門戸を開いてこれを包摂する一方，旧住民だけの組織を別に持つことで，旧来の村落の伝統を受け継いでいる。

　①新住民型には，広栄（こうえい），茶山，緑ヶ丘，浦城（うらしろ），浦添ニュータウン，牧港ハイツ，浦添グリーンハイツ，浅野浦，前田公務員宿舎，港川崎原，上野，マ

郷里の運用地化	郷里の異郷化	郷友会・地主会
離郷限定型 ③解体型（屋富祖）	在郷限定型 ⑤二重組織型（宮城）	×
⑤二重組織型（小湾） 離郷非限定型	⑤二重組織型（安波茶） 在郷非限定型	○
○	×	軍用地料

図7-2　郷友会型自治会と二重組織型自治会

チナトタウン，神森，浦西，安川，当山ハイツ，浦添ハイツ，県営経塚団地，浦添市街地住宅，県営沢岻(たくし)高層住宅，陽迎橋(ようげいばし)，県営港川団地が含まれる。②新村落型には，当山，大平，経塚，港川が含まれる。③解体型には，城間，屋富祖が含まれる。④地元型には，仲間，伊祖，牧港，沢岻，前田，西原一区，西原二区が含まれる。⑤二重組織型には，安波茶，宮城，仲西，小湾，勢理客(じっちゃく)，内間が含まれる（浦添市史編集委員会 1987: 197 - 198）。[13]

　以上，浦添市史編集委員会（1987）による自治会の類型をみてきたが，とくに牧港補給地区（キャンプ・キンザー）に面した（あるいは程近い）③解体型と⑤二重組織型に含まれる自治会を，図7-1 の郷友会型自治会の分類の各象限に位置付けると，③解体型の屋富祖は離郷限定型，⑤二重組織型のうち，小湾は離郷非限定型，宮城は在郷限定型，安波茶は在郷非限定型に配置されると考えられる（図7-2 参照）。

　次節では，これら自治会の事例研究を行う。[14]

4 事例研究

(1) 屋富祖（解体型＝離郷限定型）

「屋富祖は米軍基地の移駐によって，戦後まもなくの早い時期から急激な人口流入をみた自治会である」（浦添市史編集委員会 1987: 169）。

「郷里の「軍用地化」を契機とする」離郷型に含まれる。屋富祖の村落としての成立は古く，18世紀初頭にはすでにみられたという。浦添市史編集委員会（1987）によれば，1985（昭和60）年当時の行政区域内世帯数は1480，自治会加入世帯数も「ほぼ同数」，つまり自治会加入率は「ほぼ100％」であったが，それから30余年後の平成31年1月末日現在の行政区域内世帯数は2144，自治会加入世帯数は513で，自治会加入率は23.9％となっている。

自治会の会員資格は，浦添市史編集委員会（1987）では，「区域内に居住をしていることと自治会費を納めること」（浦添市史編集委員会 1987: 170）とされていたが，2010（平成22）年4月に施行された「屋富祖自治会会則」では，「(1) 浦添市屋富祖地域に居住する者，(2) 会員の推薦により，評議員会で承認した者，(3) 一世帯を一会員とする，(4) 賛助会員については，屋富祖自治会内に所在する法人，団体，商店等の代表者で本会の趣旨に賛同する者」（第4条）と規定されている。「(2) 会員の推薦により，評議員会で承認した者」という条件から，自治会への加入が「限定つきでしか認められない」（「自治会の会員が郷友会の会員と同じに限定される」）限定型に含まれると考えられる。

自治会の収入は，会費，補助金，財産収入，公民館収入，寄付金などである。会費は，浦添市史が編纂された1987年当時は，「月額200円から1000円まで7段階に分けられて」（浦添市史編集委員会 1987: 170）いたが，現在は「平均300円」である。これは浦添市の自治会の中でも「最低水準」だという。[15] 徴収は1987年当時と同じく2名の用務員が担っている。補助金は，市と農協から交付されている。財産収入は「字有地の借地料」，つまり軍用地料である。1987年当時は，軍用地料と公民館使用料で「全予算の五割方」を占めていたが，「平成25年度収入支出決算書」をみると，財産収入と公民館収入

の割合は 28.5% に低下している。

　浦添市史編集委員会（1987）によれば，「共有地に関する旧住民独自の組織といったものはない。共有地や共同施設から収入はそっくりそのまま，自治会予算に組みこまれている」（浦添市史編集委員会 1987: 177）とのことであったが，聞き取り調査によれば，5 ～ 6 年前に地主会を立ち上げて軍用地料を「6 割を地主会が取って，4 割を自治会に渡そうとした」が，「反対が出て，立ち消えになった」という。屋富祖の軍用地は，畑などの「捨て地」を 3 名の名義で登記しており，約 300 万円の軍用地料があった。また 2 年くらい前に自治会の法人化（地縁団体の認可）を視野に名義を 1 名に集約したが，地縁団体の認可を受けるには，「その区域に住所を有するすべての個人は，構成員となることができるものとし，その相当数の者が現に構成員となつている」（地方自治法第二百六十条の二）必要があり，具体的には住民の過半数の同意が必要であり，新旧住民の混住化が進む中，「ハードルが高い」という。

(2) 小湾（二重組織型＝離郷非限定型）

　「戦後，米軍基地建設のために土地を接収され，集落の全部をそっくり移動させられたといういきさつを持つのが小湾自治会である」（浦添市史編集委員会 1987: 186）。

　「郷里の「軍用地化」を契機とする」離郷型に含まれる。小湾の村落としての成立は古く，17 世紀中葉にはすでにみられたという。

　浦添市史編集委員会（1987）によれば，1987 年当時は「区域内に居住するのは 970 世帯くらい」で，「自治会に加入しているのは居住世帯のほぼ四分の一にあたる 250 世帯」（浦添市史編集委員会 1987: 186）であったが，およそ30 年が経過した平成 31 年 1 月末日現在の行政区域内世帯数は 1937，自治会加入世帯数は 239 で，自治会加入率は 12.3% となっている。つまり区域内世帯数はおよそ 2 倍，自治会加入率は約半分となっている。

　浦添市史編集委員会（1987）によれば，「自治会への加入は任意加入制をとっている。班長に加入したい旨を申し出，負担金を納めればよい」（浦添市史編集委員会 1987: 186）とされていたが，1984（昭和 59）年 2 月施行の「小湾自治会会則」では，「小湾区行政区内に居住し住民登録をした者，又は本会

会則の施行前に，自治会に加入している者で，本会の趣旨に賛同する者」（第5条）と規定されている。

　自治会の収入は，自治会費，補助金，寄付金，自治会館使用料などである。自治会費は月700円である。補助金は，郷友会，市，農協から交付されている。浦添市史編集委員会（1987）によれば，「全体予算のおよそ7割は補助金に頼るというほど，補助金の占める比重は高い。補助金の中でもっとも重要なものが共有地地主会からの補助である。全体の6割，年間で500万円以上の補助が出ている」（浦添市史編集委員会 1987: 192）とのことであったが，現在でも補助金は収入の64.0％を占め，とくに地主会（郷友会）からの補助金が57.2％を占めている。

　地主会は1979（昭和54）年に「字小湾共有地地主会」として設立され，2009（平成21）年に「浦添市字小湾郷友会」（以下，郷友会と略記）に改称されている。郷友会は，「(1) 本会が共有する土地及びその他の財産の効率的運用に関すること，(2) 会員の親睦及び福利厚生に関すること，(3) 育英事業及び文化事業に関すること，(4) 共同墓園の管理運営及び祭事に関すること，(5) その他第3条の目的を達成するために必要な事項」（会則第4条）を行っている。

　会則には郷友会の会員資格が，「本会の会員は正会員，準会員，特別正会員，特別準会員及び特別会員の五種とし，沖縄本島内に住所を有する者を言う。2 単身赴任，療養その他の事由により，沖縄本島より住所を移転した者については，その者の家族が一時会員たる資格を有するものとする」（会則第5条）と規定されている。

　郷友会の収入は，財産収入，研修旅行などの参加者負担金となっており，支出は，維持管理費，福利厚生費，役職員報酬，事業費，補助金（小湾自治会に対する運営補助金），資産運用費などである。維持管理費に含まれる光熱費の一部は，郷友会事務所の電気上下水道代として自治会に支払われている。つまり自治会には郷友会から補助金以外に自治会館使用料も交付されており，当然自治会の決算書にも記載されている。たまに郷友会の会員から質問を受けることがあるが，「これがないと自治会を運営できません」と説明している。自治会と郷友会が話し合う機会はそれほど多くないが，自治会館

の補修や小湾の伝統芸能であるアギバーリーなどではよく話をするという。

(3) 宮城（二重組織型＝在郷限定型）

　宮城は，国道58号線からパイプライン（県道251号那覇宜野湾線の那覇市銘苅以北の区間）までの広い面積を持ち，商業地域としても発展し，市内で最も世帯数が多い「マンモス自治会」である。「昭和47年の復帰の年のころから，市の区画整理事業が進むにつれ，人口も増え始め，アパート，マンションなどの集合住宅ビルが林立し，都市化の波に押され，畑や原野はすべて住宅地に変わってき」た。「郷里の「異郷化」を契機とする」在郷型に含まれる。平成31年1月末日現在の行政区域内世帯数は4364，自治会加入世帯数は536で，自治会加入率は12.3％である。

　自治会の会員資格は，「(1) 宮城行政区内に居住する者。(2) 一世帯一会員とする。(3) 会員の推薦により，役員会で承認した者。(4) 賛助会員については，宮城行政区内に所在する法人，団体，商店等の代表者で本会の趣旨に賛同する者」（会則第5条）と規定されている。「(3) 会員の推薦により，役員会で承認した者」という条件から，自治会への加入が「限定つきでしか認められない」（「自治会の会員が郷友会の会員と同じに限定される」）限定型に含まれると考えられる。

　自治会の収入は，会費，補助金，公民館使用料などである。会費は月600円で，3名の連絡員が徴収している。補助金は，地主会，市，社協，農協から交付されている。

　地主会は国道58号線の整備に際して共有地を売却して得た利益を保全するために，1978（昭和53）年に「浦添市宮城共有地等地主会」として設立された。当時の会員数は181名で，現在の会員数は約260名である。地主会の会員資格は，「1. 共有地等地主会名簿に登載された者，但し宮城行政区内に居住する者，2. 前項の会員の家族で会員資格を譲与，又は相続された者，3. 会員の子で宮城行政区内に分家した者，宮城行政区内外より転入し入籍した者，但しこの場合届け出により役員会の承認を得て総会で報告するものとする。4. 会員は一世帯に一人とする」の条項に適合した者とされている（会則第5条）。「宮城行政区内に居住する」ことと自治会に加入していることが要

件であり，それは地主会の会員になると研修旅行や敬老金など相当な恩恵が
あり，恩恵の見返りに字（シマ）に協力する義務もあるだろうということで
規定された。地主会では，「1. 会員の親睦・福利厚生に関すること，2. 駐車
場及び借地等に関すること，3. 自治会運営費の補助に関すること，4. その
他，第3条の目的達成に必要なこと」（会則第4条）を行っており，具体的に
は65歳以上の会員に敬老金を配るほか，グラウンドゴルフ大会や新年会な
どを催している。小湾と同じく宮城でも，自治会が敬老会（コト）を催し，
地主会が敬老金（カネ）を配るという（コトとカネの）「機能分担」がみられ
る。こうしたありようからも，地主会は自治会の活動の「スポンサー」にな
っていることがわかる。

　宮城に軍用地はなく，地主会は駐車場など民間からの地代を主な収入とし
ている。支出は，福利厚生費，財産管理費，事務費，自治会助成金，施設管
理費などであり，とくに施設管理費は，公民館と拝所（うがんじゅ）の管理費として自治会
に支出されている。つまり自治会には地主会から補助金（自治会助成金）以
外に施設管理費も交付されている。

　宮城では自治会と地主会の役員人事が「たすきがけ」になっている。つま
り現在の自治会長は昨年度まで地主会の会計を務めており，昨年度までの自
治会の副会長は今年度から地主会の会計に就いている。

（4）安波茶（二重組織型＝在郷非限定型）

　「安波茶は浦添市のほぼ中央に位置し，地形的には小高い丘陵上に立地し
ていて，面積的には小さい部落である」(19)。

　平成31年1月末日現在の行政区域内世帯数は648，自治会加入世帯数は
116で，自治会加入率は17.9％である。

　自治会の収入は，会費，補助金，会館使用料などである。会費は月1000円
だが，高齢者や生活困窮者などは軽減（500円）ないし免除されている。補
助金は，地主会，市，社協，農協などから交付されている。地主会は「60名
あまり」の会員からなり，屋号別に名簿が作られている。会員には「年3万
円くらいの配当」があるが，行事としては旅行に行くくらいで，「なにもや
らない」という。安波茶に軍用地はなく，地主会にはアパートなどからの地

代が月 60 万円くらい入る。自治会長には地主でなくてもなることができ，前の会長も安波茶に婿入りした人だという。

　自治会の支出は，諸手当，光熱水費，需用費，敬老会費などであり，とくに敬老会費には飲食代のほかに祝い金が含まれている。小湾や宮城では，自治会が敬老会（コト）を催し，地主会が敬老金（カネ）を配るという（コトとカネの）「機能分担」がみられたが，安波茶では，敬老会費と祝い金ともに自治会から支出されている。自治会には地主会から補助金が交付されており，「地主会から〔高齢者に〕間接的にあげていることになっている」という。

　安波茶でも自治会の加入率の低さが問題となっており，加入率を上げるには，転入者の自治会加入を義務づける条例を整備する，また自治会ももっと魅力ある活動をしていかなければならないという。

5　自治会と郷友会の相補関係

　本章では，1990 年代の那覇市の自治会のありようから析出された理念型である「郷友会型自治会」が，隣接する浦添市の自治会の現状分析の枠組みとしても援用できるかという問題関心のもと，とくに「二重組織型」および「解体型」に含まれる自治会の事例を分析してきた。とくに「二重組織型」に含まれる自治会では，新住民と旧住民からなる自治会と，旧住民だけで構成される地主会（郷友会）が，公民館の管理や伝統芸能などについて話し合う機会を持ち，また自治会が敬老会（コト）を催し，地主会（郷友会）が敬老金（カネ）を配るという（コトとカネの）「機能分担」がみられた。そして各字（行政区）の公民館（自治会館）には役員が常駐しており，その人件費は地主会（郷友会）が管理する共有財産で賄われている。ここから見えてくるのは，地主会（郷友会）が自治会の活動を財政的に支え，自治会は地主会（郷友会）に委任された地域自治機能を担うという，地主会（郷友会）をプリンシパル，自治会をエージェントとする「プリンシパル＝エージェント関係」である。

　高橋（1995）によれば，郷友会型自治会では，「郷友会が自治会をしばしば援護し下支えし一体化」（高橋 1995: 200）しており，また「自治会と郷友会が

組織上別個に存在する場合でも，自治会の活動を郷友会が支えるという深い
関係が見られる」（高橋 1995: 216）という。つまり郷友会型自治会では，自治
会と郷友会が「一体化」していても，また「自治会と郷友会が組織上別個に
存在する場合でも」，郷友会は自治会の活動を財政的に支え，自治会は郷友
会の委任に応えるという「深い関係」，いわば相補関係がみてとれる。こう
した両者の関係性から，「郷友会型自治会」という理念型は，「解体型」や
「二重組織型」などに類型化される浦添市の自治会の現状分析の枠組みとし
ても援用できると考えられる。

　さらに高橋（1995）は，「厳密に言えば，離郷限定型と在郷限定型は郷友
型自治会といえるにしても，離郷非限定型と在郷非限定型は郷友会型自治会
とはいえない」（高橋 1995: 199）とも言明している。事例研究でもみたように，
在郷限定型に含まれる宮城では，「「宮城行政区内に居住する」ことと自治会
に加入していること」が地主会の会員資格とされていたのに対し，離郷非限
定型に含まれる小湾では，郷友会の会員資格を5種に類別する一方で，「沖
縄本島内に住所を有する者」だけを規定し，自治会に加入していることは要
件とされておらず，「自治会の会員が郷友会の会員と同じに限定されない」
非限定型については，「二重組織型」自治会として捉えなおした方がよいか
もしれない。そうすることで非限定型も郷友会型自治会の外延に含まれ，そ
の多様なありようを分析できるものと思われる。

　このように「二重組織型」，つまり自治会から郷友会を切り出す意義とし
ては，事例研究でもみたように，本来的に「成員を限定する性格」（高橋 1995:
198）を持つ郷友会型自治会の閉鎖性を，「転入者を旧来の自治会の会員とし
て容認」（高橋 1995: 199）することで開放性を高めて自治会の加入率を上げ，
より民主的で参加しやすい地域自治を実現することにあると考えられる[20]。し
かし実際には，「二重組織型」に含まれる小湾や宮城，安波茶の自治会の加
入率は，「解体型」に含まれる屋富祖のそれよりも低くなっており，本章で
照射した自治会側以外の要因，例えば転入者側の意識なども考慮に入れる必
要がある。そしてその分析は，「郷友会型自治会」が析出された1990年代か
ら30年近くが経過し，変貌著しい現在の那覇市（とくに小禄管内）の自治
会のありように調査の対象を広げることとあわせて，今後の研究課題となる

だろう。

(1) 「活動の停滞については，町内会等が行う活動への参加頻度の激減，役員の固定化と担い手不足などの問題点を抱えている」（澤田 2013: 24）。

(2) 那覇市の自治会の加入率は，1983 年 32.7%，1992 年 34.0%，1998 年 27.3%，2013 年 20.9%で推移している（高橋 1995; 黒田 2013; 琉球新報（2013 年 8 月 27 日付）を参照）。

(3) 那覇市の自治会の加入率は管内ごとにかなりの開きがあり，2013（平成 25）年 4 月末現在，本庁 17.8%，真和志 17.1%，首里 34.3%，小禄 21.2%となっている。

(4) 一方，新住民が点的に集住している地域，たとえば「個人の遊休地を使用した小規模な民間アパート」（黒田 2013: 248）などを間借りした混住化地域では，「長い伝統を持ち，強固な団結力をもった自治会」（黒田 2013: 251），つまり共同体型自治会がすでに存在しており，そこに新住民が加入できるかどうかは，新住民の意思だけの問題ではなく，共同体型自治会の側が新住民を受け入れるかどうかにも左右される。

(5) 「それは，しばしば土地，建造物（集会所，貸家，駐車場等），あるいは御獄（うたき）（聖地。神女が祈願中祭りを行う場であり，村の信仰の核となる空間）を共有・管理していて，その共有財産の所有・管理が心情的な絆を一層強固にしている」（高橋 1995: 198）。

(6) 瀧本・青木（2016）は，「故郷を出奔し都市社会に寄る辺なく居住する人々が，今は切り離されたかつての「土地」への帰属感を共有することで身を寄せ合う通常の意味での同郷団体を指す」郷友会が，「やがて接収された土地から地代としての「軍用地料」が入るに及んで，単なる同郷団体としてばかりではなく，そうした地代を管理する利益団体としての役割が加わり，「郷友会」の名の下に同郷者の親睦促進機能と共に利益管理機能ももつようになった」（瀧本・青木 2016: 60）と述べている。ここで言われている利益管理機能は，郷友会独自の役割であると同時に，（過去の地縁ではなく）現在の地縁に基づいて組織される自治会との関係性をみるひとつの視角になると考えられる。

(7) 名和田（2017）は，「地縁型住民自治組織，ボランティア団体，NPO，学校，PTA，企業等の多様な主体による地域課題の解決のための組織」（公益財団法人日本都市センター 2014: 278）と定義される協議会型住民自治組織に「参加」の視点でアプローチする際，「協議機能と実行機能が分離しているか一体となっているか」（名和田 2017: 29）という分析軸が考えられ，「協議機能と実行機能が分離している」分離型の場合，住民組織が二重化してしまったり，協働の推進が困

難になったりするデメリットがある一方で，「参加」の機能が組織的に独立した形で明確になるメリットもあると述べている。他方で，協議組織（たとえば地域自治区の地域協議会等）が形骸化しないような工夫も必要となる。また協議機能と実行機能が「一体となっている」一体型の場合，「なるべく広い基盤の上で民主的な議論をする場を設けるように留意すること」（名和田 2017: 30）が課題になるという。

(8)　面積は県内 41 市町村中 28 番目となっている。

(9)　沖縄県知事公室基地対策課（2016）を参照。

(10)　12 世紀からの 200 年あまり，琉球王朝の都として栄えた浦添には，当時の王「英祖王」の父が太陽であったという伝説が残り，それに因んで，沖縄の方言で太陽を意味する「てぃだ」と，子どもを意味する「こ」を合わせた「てだこの街」と呼ばれることが多い。

(11)　浦添の自治会に関しては，1963（昭和 38）年に，旧来の区域を定めた「浦添村区設置条例」が廃止され，新たに「浦添村事務委託要綱」が制定された。これにより「区長制」から「自治会長制」に移行し，自治会単位の区域設定がなされるようになった。

(12)　浦添市自治会行政運営補助金交付規程

（趣旨）

第 1 条　この訓令は，地域のコミュニティ活動の活性化を図ること及び自治会の円滑な運営を助長するため，各自治会に対し自治会運営費の一部として自治会行政運営補助金（以下「補助金」という。）を交付するものとし，その交付に関しては，浦添市補助金等の交付に関する規則（平成 24 年規則第 3 号）に定めるもののほか，この訓令の定めるところによる。

（算定方法）

第 2 条　補助金は，次の基準により算定した額の合計額とする。

(1)　均等割　183,000 円

(2)　人口割　1 人当たり 23 円

(3)　防犯灯電気料（年額）

ア　蛍光灯　1 基当たり公衆街路灯電気料金（40 ワット）の 80 パーセント

イ　水銀灯　1 基当たり公衆街路灯電気料金（60 ワット）の 80 パーセント

ウ　LED 灯（10 ワット）　1 基当たり公衆街路灯電気料金（10 ワット）の 80 パーセント

エ　LED 灯（20 ワット）　1 基当たり公衆街路灯電気料金（20 ワット）の 80 パーセント

(4)　電話使用料　年額　31,200 円

(5) コミュニティ活動費　年額　40,000円

(13) 浦添市史編集委員会 (1987) では，①新住民型の事例として広栄団地自治会，②新村落型の事例として港川自治会，③解体型の事例として屋富祖自治会，④地元型の事例として仲間自治会，⑤二重組織型の事例として小湾自治会が取り上げられている。

(14) 浦添市の住民組織（自治会および地主会（郷友会））を対象とする聞き取り調査は，屋富祖（2015（平成 27）年 3 月 13 日），小湾（2014 年 3 月 13 日，8 月 20 日，2015 年 3 月 13 日，10 月 9 日），宮城（2014 年 8 月 21 日，2015 年 10 月 8 日），安波茶（2015 年 3 月 11 日）に行った。

(15) 屋富祖自治会では 10 年くらい前に，「自治会費を 1,000 円に値上げすること」が決議されたが，実際に自治会費を値上げすると多数の住民が堰を切ったように自治会を脱会するかもしれず，いまも実施できないでいるという。

(16) 字誌には地主会の設立の背景として，「周辺の都市化に伴い，自治会区域内への人口の流入も著しくなり，自治会員も増加していたことから，その共有財産の管理運営は戦前からの小湾区民ですべきとの要望が次第に強まってきました」（字小湾郷友会創立 30 周年記念事業実行委員会 2010: 10）と記されている。

(17) 自治会館は郷友会名義で，1〜2 階を自治会，3 階を郷友会が使用している。

(18) 浦添市, 2012,「自治会紹介」, (2019 年 11 月 16 日取得, http://www.city.urasoe. lg.jp/docs/2014110102027/file_contents/s201009070094959438_0.pdf)。

(19) 浦添市, 2012,「自治会紹介」, (2019 年 11 月 16 日取得, http://www.city.urasoe. lg.jp/docs/2014110101444/file_contents/s201009071022217733_1.pdf)。

(20) 瀧本・青木 (2016) は，住民組織の「二重構造という仕組みは「ひと」と「土地」との一体性を保全するための工夫」（瀧本・青木 2016: 68）だと言明しており，それを説明するには，高橋 (1995) のいう「家郷志向性」をさらに掘り下げる必要があるが，その検討は他日に期したい。

■参考文献

字小湾郷友会創立 30 周年記念事業実行委員会, 2010,『創立 30 周年記念誌　浦添市字小湾郷友会』。

公益財団法人日本都市センター, 2014,『地域コミュニティと行政の新しい関係づくり――全国 812 都市自治体へのアンケート調査結果と取組事例から』。

黒田由彦, 2013,『ローカリティの社会学』ハーベスト社。

小湾字誌編集委員会, 2008,『小湾生活誌　小湾字誌〈戦中・戦後編〉――小湾新集落の建設とあゆみ』。

名和田是彦, 2017,「コミュニティにおける市民参加と合意形成」公益財団法人日本

都市センター『都市自治体における市民参加と合意形成——道路交通・まちづくり・コミュニティ』, 3 - 18。

沖縄県知事公室基地対策課, 2016, 『沖縄の米軍及び自衛隊基地（統計資料集)』。

澤田道夫, 1993, 「地域の公共を担う地縁組織」『非営利法人研究学会西日本部会報告』, 17 - 33。

高橋勇悦, 1995, 「都市社会の構造と特質——那覇市の「自治会」組織を中心に」山本英治・高橋明善・蓮見音彦編『沖縄の都市と農村』東京大学出版会, 179 - 219。

瀧本佳史・青木康容, 2016, 「軍用地料の「分収金制度」(9)——流動化する沖縄社会と住民自治組織の特異性」『佛教大学社会学部論集』63：55 - 79。

浦添市史編集委員会, 1987, 『浦添市史　第七巻資料編6　浦添の戦後』。

第8章
共同店と地域社会
——恩納村真栄田区を事例として——

山本素世

1 共同店にみる字の共同

　沖縄県には，共同店あるいは共同売店と呼ばれる店がある[1]。店では，食料品だけでなく，地元の野菜や，工具，ロープなどの業務用品，さらには衣類も売られており，よろずやのような店である。共同店は，地域の人々にとっては歩いて買い物に行ける場所にある。店には，机やいすがある「ゆんたくスペース」があり，買い物客がおしゃべりをしたり，買ったお弁当を食べたりできる。こうした共同店は，現在は沖縄県内の北部や島嶼部を中心に約60店舗が存するようである[2]。

　共同店は，字(あざ)の住民が出資し株主となって組合を設立し，物資の調達という生活共同を目的として運営してきた店である。また，共同店は，原則としてひとつの字[3]にひとつの店であり，隣の字と店を共有することはない。また，卸業者が同じ場合はあるが，隣の字の共同店と共同仕入れをすることはなく，会計や運営は単独で行われる。共同店の運営を統一するチェーン化もなく，近隣の字同士での共同出資もされていない。共同店は字ごとに組合があり，字の人々が運営する独自経営の店なのである。

　この共同店は，地域の共同性の中心，字の共同性の変容，コミュニティの核，象徴，相互扶助，地域における機能，字と店の一体的な運営などの視点から研究されてきた。

玉野井と金城は，国頭村奥区の村落内の慣習法である「奥区条例」の第7章第52条に「共同店は区民全員の意思で設置」とあり，奥共同店の店則（1917年）2条に「組合は奥の在籍人民をもって組織する」（奥共同店編 2007: 582）とあることを確認した。そこで，字の構成員は，共同店の構成員と同じであることを指摘し，共同店と区は一体的に運営されてきたとみている（玉野井・金城 1978: 8 - 10）。共同店の運営は，字の自治の一環といえる。共同店は，字なくしては存在しえず，字の生活にとって欠かせない存在である。

　共同店の運営が字の自治の現れであれば，共同店を持つ字の範域が，「共同の範域」としてみえてくるのではないか。そして，共同店を維持していくことは，住民にとって字の共同を意識する機会となるのではないか。

　本章では，共同店を維持しようとする恩納村真栄田区を事例として，字という共同の範域について考察を試みるものである。

2　共同店と字の関係

　字ごとにある共同店において，共同店の組合は，字と役員や事業を通じて密接な関係にある。

　最初の共同店である国頭村奥共同店と奥区を例に共同店と字のつながりを確認しておきたい。奥区の共同店店則（1956年改正版）の第7條「役職員の職責」の6項には，「代議員は主任並びに理事会の諮問に応じ時には理事とともに奥議会とし総会に代わって必要な決議をする」とある。さらに同店則の第8條「会議」の2項では，「総会は区常会をもって充てる。但し時によっては奥議会をもって総会にかえることができる」と記されている（奥共同店編 2007: 588 - 589）。奥共同店の最高意思決定機関は総会であるが，「区常会」があてられる。字の理事は，共同店の理事でもあり代議員もまた共同店の役員なのである。このようにメンバーが重複し，意思決定にもそれが反映されていると推測できる。なお，店の日常の運営責任者は，奥区に雇用される主任である。

　また，田村によると奥共同店は，部落の共同施設にして共有財産として経営されるとしている。共同店が部落の共有財産であることをもって，部落民

図 8-1　恩納村の区図

は一様に平等の権利を有すると述べている（田村 1977: 153 - 154）。店は，奥区の共有財産として，財産管理運営委員会によって，共同管理されているのである。

　日常的には，字の行事に必要なものが共同店で購入され，行事に共同店が寄付をする。共同店の維持は，字にとって生活共同のための共同管理でもあり，共同店は字の生活共同を成り立たせる核である。

　しかし，近年，経営が成り立たず組合を解散して廃業したり，個人に運営を委託する例がみられ，字が直接運営する共同店もみられるようになった。

3　事例の概要と共同店

(1)　恩納村真栄田区の概要

　恩納村は，沖縄県国頭郡の西南の海沿いに存しており，人口 1 万 1096 人，5452 世帯（2020 年 5 月末日恩納村村民課），面積 50.83 km² の自治体であり，15 の行政区と 11 の字がある（図 8-1）。恩納村には，米軍基地としてキャンプハンセンが存し，15 の区のうち 13 の区に軍用地料収入がある。字恩納と字真

栄田を除き字の範域で区となっており，地域の自治組織となっている。区には，区長，副区長，書記，会計などの職員が置かれており，区から給与が払われ，区の事務所は公民館にある。区長は選挙で選ばれており，区長もほかの職員も恩納村の職員ではなく，区に居住している住民である「区民」である。

　現在，恩納共同売店，喜瀬武原共同売店，山田共同売店，真栄田共同売店，塩屋売店，谷茶里ストアーの6つの共同店がそれぞれの区に存している[(6)]。

　真栄田区は，恩納村の西側の海岸沿いに位置しており，人口429名，203世帯（2020年6月末日恩納村村民課）である。区内には真栄田岬や「青の洞窟」と呼ばれる著名なダイビングスポットがあり，ダイバーや観光客が多く訪れる。

　真栄田区は，『真栄田誌』によると1635年の琉球國高究帳の読谷山間切の前田村がもととされる。1673年に恩納間切の真栄田村となり，1908年の町村制施行では，塩屋村，与久田村と真栄田村を合わせて，恩納村字真栄田となる。1946年の市町村制ではそのまま恩納村字真栄田である。当時の字真栄田の中心は塩屋であったため，字の役場と配給所も塩屋（現在の塩屋区）にあった。1949年に，塩屋と真栄田の距離が1里離れていること，当時は車がなく役場や配給所への行き来に時間がかかり効率的でないこと，部落民性が異なること，山林などの保護管理などを理由に独立して真栄田区となりたい旨を恩納村に陳情している。最終的には，1949年4月に分離し，恩納間切時代の真栄田村の範域で真栄田区となった[(7)]（真栄田誌 2017）。このため，分離当時は真栄田区の範域には配給所がなかった。

　真栄田区では，公民館に区の自治会事務所がある。区に登録している区民[(8)]は，92世帯，268名である（2020年6月末日，真栄田区自治会）。真栄田区自治会の職員は，区長，書記会計1名である。組織は，評議員会（10名），監事会（3名），戸主常会と各班，関係団体に真栄田区財産管理会，（株）まえだ賛助会と老人会，婦人会，子ども会などの各種団体がある。区長は，立候補により選挙で選ばれる区民である。また，日常的な区の運営は，評議員会が担っており，最高意思決定機関は区民総会である。区民総会では，規則・規定の改廃，予算決算の承認，財産の処分と取得，監査報告に関する事項，役

員選出，事業計画，その他区長が必要と認める事項について協議する。区は，山林や土地などの財産を持っているため，2008年に真栄田区財産管理会が設立され，2007年に「株式会社まえだ」が設立された。これは，区内の真栄田岬の観光用駐車場の土地には区所有があり，観光客用のサービス施設の指定管理を恩納村から受託しているため，法人組織が必要になったためである。なお，真栄田岬のサービス施設に売店があるため，小売業も株式会社の定款に含まれている。

(2) 真栄田共同売店の変遷

真栄田共同売店は，戦後に設立されたようで正確な設立年は定かでないが，『真栄田誌』では1953年の真栄田区「記録帳」に記載があるとされる。真栄田共同売店は，区民56世帯で出資した組合により設立された。日常の運営をする売店主任や職員は，区民の選挙により選任され任期は1年であった。また，生活に必要な食品や日用雑貨がそろっておりミニスーパーのような品ぞろえとある。当時は区民の売店利用度は高く100％売店に依存していたとある。真栄田共同売店は，区民の財産とされ利益は区の運営費に役立てられ，組合員にも配当金が出されていた。区の児童体育館の建設にも店から500万円の補助金が出されていた（真栄田誌 2017）。

しかし，ショッピングモールの増加などの社会の変化に伴い，区の人々は，車で石川方面や読谷方面の大型店に買い物に行くようになった。真栄田共同売店への依存度は低くなり，店の売り上げも減少した。営業状況が悪化して赤字が出るようになったため，剰余金のあるうちにと2005年に組合は解散された。その際に，持ち株を出資者に返還し，土地建物は区が管理することになり，のちに財産管理会に土地建物の管理が引き継がれた。

区は，買い物困難者がいるため店は存続させるという方針を持ち，個人に店舗を入札にて賃貸し，運営を委託することにした。この個人に委託する契約は4年契約とされたが，最初の契約者は経営困難であると2年で解約している。次の契約者も営業を継続できなかったため，3人目の契約者になった。この3人目の契約者も経営が困難であるとして，契約者から2010年10月に2011年1月31日に経営を終了するという申し出が，区に出された。営業時

図 8-2　真栄田共同売店外観（2015.1 筆者撮影）

図 8-3　真栄田共同売店内部（2018.9 筆者撮影）

間が 7 時〜21 時と長時間であること，休業日が元旦の他に年に数日であること，住民がうるま市や読谷村のスーパーに車で買い物に行くため，共同店であまり商品を買わず売り上げが低迷し，続けられないなどが原因とされる。

　これを受けて，区の財産管理会は，営業終了の 2011 年 1 月 31 日までに次の契約者を探すため入札募集を 2 回行ったが応募がなく，真栄田共同売店の

営業は終了されることになった。区に店がなくなったことで，車がなく店にしか買い物に行けなかった人は，買い物困難者になってしまい，これが区の課題のひとつとなった。また，掛け売りを利用していた人たちもいたため，店がなくなると困る，生活に支障が出ると区の評議会に相談があったそうである。共同売店では，掛け売りの対応があり月に1度の支払いができたが，ほかの店では即時の現金払いのみとなるため，掛け売りを利用せざるを得ない人にとっては，死活問題であった。

そこで，区に店が必要かどうか共同売店の存続について改めて区民総会にて問うことになり，2012年12月26日に区民臨時総会が開かれた。区民総会では，共同売店を完全に廃業して他の用途に賃貸した場合の利益，閉店した場合の不利益，共同売店を存続した場合の利益と不利益について，コンサルタントに依頼して作成されたデータをもとに検討された。

また，運営方法についても個人経営（店を賃貸契約）の場合，区が直営する場合，委託事業（個人に運営委託契約）の場合について検討された。そして最終的に，2013年2月8日に真栄田区の共同売店として，つまり区の施設として再オープンすることが，区民総会にて決議された。

運営は，区民が出資する組合方式ではなく真栄田区財産管理会の管轄とし，下部組織として売店運営委員会を設立した。また，具体的な契約方法や経営は税理士に相談した結果，「共同店は区の施設であるので公的な施設と考えられる。その運営を任せるという点で指定管理と同様と考えてはどうか」という提案を受けた。自治体の施設を団体組織に指定管理者として運営を任せるのと同様とみなせる，という考え方である。

そこで，運営主任を指定管理者とみなして，区と随意契約するという方式が採用された。なお，運営主任は区から給与を受け取り，光熱費や損害保険，修繕費などは区からの補助金として区が負担しているため，いわゆる指定管理で運営，維持費を負担するのとは異なる面はある。

こうして真栄田区の施設である真栄田共同売店として再スタートした。当時は，店長と販売員3名で営業されていた。営業努力として通り客や真栄田岬の観光客向けの商品を置いたり，住民向けには買い物に来る楽しさの演出として読谷村のパン屋のラスク，沖縄ぜんざい，うるま市の会社のジェラー

トの委託販売を行うなどの工夫がされていた。

　しかし，この方式では，個人が店を運営する個人事業者として税は青色申告をすることになるが，実際には店長は区から給与を受け取る立場となっていた。このため，税の申告がややこしく，区民にも理解しずらい面が出ていた。

　これを改善するため売店運営委員会，財産管理会，評議員会と相談して，運営方法をみなおした。区には，株式会社まえだという真栄田岬の施設や駐車場を運営管理する組織があった。その株式会社まえだの一部門とするという案が出され，2017年4月の区民総会で承認された。また，同年5月の株式会社まえだの株主総会でも承認された。そして，2017年7月に棚卸や財産評価が行われ，株式会社まえだの一部門に運営が切り換えられた。これまでの店の職員は，株式会社まえだの職員として引き継がれた。

　株式会社まえだの一部門となったことで，ゆんたくスペースの模様替え，真栄田岬の売店に合わせてブルーシールのアイスクリームやサンゴコーヒーの導入，100円そばの発売など商品にも変化があった。

　このように真栄田区の共同店は，組合方式→組合解散し区が管轄して個人委託→区の店として随意契約方式→区の会社である株式会社まえだの一部門という変化を経た。

　このような変遷を経ても共同店を区内に維持したいという意思があったこと，ほかの区との共同出資，共同運営ではなく，あくまでも区の単独運営であることを指摘しておきたい。

(3) 真栄田共同売店の存続と合意形成

　区長は，共同店について「高齢の買い物困難者が増えてきたため共同売店は区に必要であり，区の福祉施策の一環と考えている」と語っている。そのため，福祉の観点から区に共同店が必要であると主張してきた。区長は，共同店の維持という意見を持ったうえで選挙で選ばれている。

　区民総会や評議員会で，共同店の存続について協議された際に，「ムラでできないならやめてもいいのではないか」，「コンビニを誘致したらいいのではないか」「ダイビングショップに貸したらどうか」などの意見が出たそう

である。また，株式会社では，「真栄田岬の恩納村からの指定管理に影響が出ないか」「利益は大丈夫なのか」「業務を広げていいのか」などの意見があったそうである。

　税理士や専門家に確認したところ，株式会社の一部門にすることは可能であるということがわかった。また，コンビニについては出店したい人には魅力的な話であるが，真栄田は静かな環境が魅力の場所である，昼夜を問わず明るく照らされ騒音が心配であるという声が出たそうだ。また，店があると掛け売りができるため，生活に支障が出なくてすむ区民がいること，区はそうした区民の生活を守る必要があることを説明したそうである。

　このように区の買い物困難者の存在，区の環境維持，区の指定管理という経営面などについて，専門家の意見を取り入れることで，何が区を維持していくために必要かという区の課題とあわせて共同店の存続が，検討されたといえる。このように検討された結果，共同店を存続させてくという合意が区民総会で形成された。

　真栄田共同売店は，建物が築50年を超えているため，建て替えの必要が出ている。このため，区では店の建て替えのために建築委員会を設立して，どのような店がいいか検討を進め，2021年から2022年の完成を目指しているそうである。

　どのような店にするかは，区民総会にて最終的に合意される予定とのことであった。

4　考　　察

(1)　共同店と区の関係

　それでは，真栄田区の事例で区と共同店の関係はどのように変遷したのであろうか。

　組合時代は，組合が運営主体であった。区民56世帯により出資されており，日常の運営者も区民から選ばれていた。店は区の財産であり利益は区の運営費にあてられていた。

　このことから，世帯単位で組合員＝区民とみられる。また，依存度100%

であったとあるように区民＝利用者である。したがって，組合員＝区民＝利用者ともいえ，利益を区の運営に充てることもあった。店に関する決議機関は組合であるが，組合員は区民であり，区の最高決議機関の区民総会のメンバーである。同じメンバーによって，区と店が運営されていたことになる。つまり，区民の物資調達という経済活動として共同店が運営されており，それは区の自治活動の一環であったといえよう。区と組合は組織としては別組織であるが，運営方針や存続などの意思決定では，２つの組織は一体化していた。

　次に，組合を解散しての個人委託期である。組合員はいなくなり区の財産管理会の管轄となっている。財産管理会は，区の組織でありその意思決定には，最高議決機関である区民総会が影響する。また，区民でない住民も増加しているという現状があり，ここでは，区民≠住民である。住民も区民も店にとっては利用者であり，観光客や通り客も利用者であるため，利用者の範囲は広くなっている。

　しかし，店の日常の運営は，契約した個人である区民が行っていた。日常の店の運営には，財産管理会への報告を通じて区は関与していく。店の存続の可否についての意思決定は，財産管理会で検討され区民総会で決議される。つまり，存続の意思決定に関与する組織は，財産管理会を含めて区ということになる。

　次は，財産管理会による管理期である（**図8-4**）。財産管理会が管理主体となり売店運営委員会をもち，店の運営に関与する。日常的な運営は，随意契約した個人の運営主任（区民の１人）がしており，パート販売員も区民が雇用されていた。

　この時期も区民≠住民であり，利用者は，区民，住民，観光客，通り客となる。しかし，日常的な店の運営は運営主任がするが，実態として運営主任は，財産管理会を通じて区に雇用されており，パート販売員も同様である。運営主任は，店の運営について随時財産管理会の売店運営委員会に報告，相談しながら進めていくのである。この点では，個人委託時代に比べると，区と店の運営との関係は一体的とまではいえないが，個人委託時代よりは近くなっているのではないか。店の存続についての意思決定は，個人委託時代と

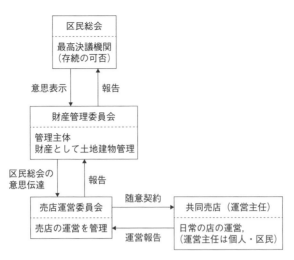

図 8-4　財産管理会時代の関係

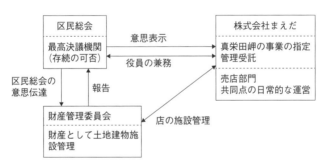

図 8-5　株式会社時代の関係

同様に売店委員会，財産管理会による検討を経て区民総会で合意形成される。店は，財産管理会を通じて，共同管理されているとも考えられるだろう。

　最後は現在の株式会社時代である（**図 8-5**）。

　株式会社まえだは，区が主体となり設立した組織である。真栄田岬の有効活用として，恩納村から真栄田岬の施設の指定管理を受けるにあたり，法人組織が必要であるとして 66 名の区民が株主となり設立された。

ここでは，株主＝区民である。会社の社長と専務は区の役員であり，区長は専務である。また，数名が区の役員と兼務しており，区とは別組織であるが密接に結びついている。

　したがって，区民総会での意思決定は，株式会社の意思決定に影響する。株式会社は，区の存在が前提となっており，株式会社単体では存在しえないということである。つまり，区と株式会社は，切っても切れない関係なのである。この点では，かつての共同店の組合の役員と区の役員が重複して密接な関係であった点に類似している。

　区民にとっては，株式会社まえだも区の組織と考えられている。だからこそ，その株式会社の一部門となって，店を維持していくという合意形成が可能であった。

(2) 共同店に関わるメンバーシップ

　次に組織同士の関係を踏まえ，焦点をメンバーシップ，ここでは，運営に関わるメンバー，意思決定に関わるメンバーという視点で整理して考察したい。

　店の運営面からは，出資者，運営者，利用者と分類される。区との関係からは，区民と住民という分類ができる。組合時代，特に設立期は出資者と運営者は区民であり，利用者もほとんどが区民であるため，出資者＝運営者＝利用者＝区民である。日常的な運営に関わらない組合員もいるが，意思決定に参加できるため，運営者でもある。つまり，店に関わるのは，すべて同じメンバーであり先述のように区と共同店は，メンバーからみると同じように運営していく対象であった。

　ところが，そこから区民でない住民が増加し，観光客が訪れるようになった。そうすると，組合員は出資者＝運営者＝区民であるが，利用者（住民，観光客，区民）＞区民となり，利用者の範囲は広がる。店の存続や運営に意思決定ができるメンバーは，区民と限定的であるが，利用者は住民≠区民であり観光客など非限定的になる。

　組合が解散すると，個人の出資者がいなくなり組織が管理・運営者となる。運営者は区の組織であるため，メンバーは区民である。区民は，区民総会を

通じて店の存続について意思表示をするが，日常の運営からは離れている。利用者については，利用者（住民，観光客，区民）＞区民であり，住民≠区民である。

　個人委託では，運営者（個人契約者）は，区民により入札されるため，運営者＝区民ではあるが，日常的な業務については，区は直接関与していない。区民は，区民総会で，店の存続や運営手法について，意思表示できる。利用者については，変わらない。

　また，区の財産管理会が管理主体となった場合も，利用者については変化がない。運営や存続の意思決定には，区民総会が最高機関となるので，運営者＝区民ともいえる。個人の出資者がおらず，区という組織が管理者となるため，区民であることが，共同店の存続について意思表示できることになる。

　このような変遷をみると，かつては店の運営に直接的に区民が組合員として関わっていたが，この時点では店は限られた区民が日常的な運営者となっていた。多くの区民は日常的には主として利用者となり，日常的な運営でなく，共同店の存続という重大課題について意思表示していくのである。つまり，設立された時期に比べると，区と共同売店は，一体的に運営されているとはいいがたく，区民にとっては，共同売店は別の組織であるが，区の施設として認識されているのではないか。

　そして，区が中心になり区民の出資で株式会社が設立された。株式会社は，構成メンバーを限定することができ，区民＝株式会社のメンバーとすることが可能である。直接出資していない区民も株式会社のメンバーとしてみなされているのではないだろうか。これを株式会社ではなく地縁法人とするとその地域に住んでいる住民をすべてメンバーとみなさなくてはならない。区の住民＝地縁法人のメンバーなのである。そうすると，区の住民登録203世帯なので，単純計算では住民世帯（区民以外）111世帯＞区民世帯92となる。地縁法人の総会で多数決となると区民の意思決定が，地縁法人の運営に反映されるとは限らず，共同売店でなくコンビニを選択される可能性もあるといえる。そうなると，区民総会での決議は，地縁法人組織に対して反映できるとは限らない。

　株式会社の場合は，区のメンバーは区民で株式会社のメンバーが区民であ

り，どちらも区民であるため一致している。そうすると区民総会の決議は株式会社の総会に反映されるであろう。共同売店が株式会社の一部門となることで，存続に意思決定できるメンバーを区民と限定していると推察できる。

このように組合時代のように直接的でないにしても，共同売店の存続に意思決定できるメンバーと区の運営に関わるメンバーを同じにすることで，店を存続させていると考えられる。

5　共同店にみる共同の範域

以上のように共同店と地域社会の関係をみてきた。そこで，共同店を通じて共同の範域について考察を試みたい。

真栄田区で共同店は，土地と店は区の財産として管理されていた。店の運営と施設の所有は別である。この土地と店を区の財産としている点は，奥共同店をはじめとするほかの区，字と同様であり，財産管理会のような組織で管理されている。この点で，共同店は，区の施設であり区の生活を維持していくための社会資本であろう。共同店という施設は，地域で共同管理されている施設という見方もできるだろう。共同店は，施設として次の世代に受け継いでいく財産である。もっとも店という建物でなく，店として営業されていることに意味がある。

また，共同管理という面から，その存続については区民（あるいは字民，以下同様）によって決定される。区民は，共同店の存続や運営について協議するが，それは高齢者，買い物困難者の存在という地域課題に向き合うことでもある。共同店を存続させるかどうかを区民が決定できるということは，共同店の出資者や運営者が区民と同一であるからである。つまり，共同店は，原則として区（字）にひとつ設立されている。その範域は，シマと呼ばれる琉球間切時代の村である場合もある。人口の少ない区（字）の共同店であっても，近隣の共同店と共同仕入れはしない，それぞれの区（字）の中で独自に存在を維持するのである。共同店は，区（字）の範域と出資，運営の決定者のいる範域が一致しているのである。

そこで，共同店の運営や存続について意思決定することは，区（字）の意

思決定となる。つまり，共同店の運営を通じて，区（字）の共同の範域を認識せざるをえないということではないか。共同店の地域における存在は，その地域の共同の範域を顕在化すると考えられよう。

　真栄田区は，字真栄田になる前の真栄田村の範域で，「シマ」と呼ばれる範域といえる。この真栄田村が今の真栄田区であり，共同店の範域であった。このシマと呼ばれる範域が，そのまま現在の字や区に引き継がれている地域は多く，このシマと呼ばれる範域で共同店が設立され運営されているのである。このように考えると，共同店の存在は，シマと呼ばれる共同の範域を映し出しているといえるのではないだろうか。

　共同店は，たとえ経営が困難になっても，ほかの共同店と運営を同じくしない。それは，地域の共同の範域を反映している存在であり，その範域の区（字）民によって意思決定されるからである。そして，共同店をどうするかは，地域の持続可能性という地域課題の解決手段のひとつとなる。この点で，共同店は，地域をどう存続させていくかという課題と結びついて，地域の共同の範域を反映していると考えられる。

6　これからの共同店

　真栄田区では，区長は，「共同売店は福祉施設と考えている」として，本来の生活共同の商店という機能だけでなく，買い物困難者である高齢者の福祉の機能を求めていた。実際に，組合を解散した当時に「車で買い物に行けばいいので，区内に共同店はなくてもいい」といっていた人が，高齢になり車の運転ができなくなって，「共同売店があるから買い物ができてよかった」というようになったケースがあったそうである。買い物困難者に対応でき，毎日買い物に来ることで，地域の人との交流になり，高齢者の見守りにもなっている。また，店は地域の情報を発信し，地域の人による商品を取り扱える拠点でもある。

　真栄田区の事例から，共同店を存続させるかどうかは，その地域をどういう地域にしていくのか，誰のための地域にしていくのかという課題と重なるとみられる。区の持っている財産をどのように活用するのかという選択にお

いて，共同店の維持が選択されたともいえる。そして，地域を持続可能にしていくための社会資本としての共同店とも考えらえる。

　もっとも，このような課題に面している地域が共同店を選択できるとは限らない。軍用地料や駐車場の賃料施設の指定管理料などの収入のある地域は，その資産を活用することが可能であろう。

　しかし，共同店がある地域でも，赤字が累積すれば維持できなくなる。そのような場合にどのような選択が可能であろうか。恩納村の喜瀬武原区では，共同店の日常業務をする人がいなくなり，店を閉鎖した。しかし，店がないと買い物に困る人がいるため，時間や商品を限定して運営している。

　共同店をどう維持していくのかは，地域の課題の解決への取り組みにつながっている。それは，自分の地域の共同の範囲を認識することにもつながり，地域の持続可能性にも関係し，地域の自治，地域運営そのものといえる。共同店は地域課題を反映する存在であり，課題解決への社会資本であると考えられる。

　今後は，地域と共同店についてさらなる視点から研究していきたい。

(1)　共同店は，共同売店とも称されているが，本章では，共同店と表記する。しかし，各店の名称が共同売店である場合は，共同売店と表記する。事例である真栄田区については共同売店と表記する。
(2)　共同売店ファンクラブによる「共同売店マップ（2012 - 2013）」では，営業中は64店となっている。このマップの作成後に数が変動しており，現在は60店前後と推測される。
(3)　字が琉球間切時代の複数の「村」によって構成される場合は，その村ごとにひとつの共同店の場合もある。
(4)　奥は，奥区と呼ばれる行政区であり，区と字の範域は一致している。奥区は，区の組織内に議員を持つため，総会とは別に奥議会を持つ。
(5)　恩納村，字は11，行政区は15である。字恩納と字真栄田にそれぞれ3つの区があるが，それ以外の字は，字＝区であり行政区と同じ範域である。自治組織は，「○○区自治会」であるが，代表者は区長，メンバーは区民と呼ばれ，自治組織も区と通称されているため，本稿では区と表記する。
(6)　なおこれら6つは，米軍施設が区内に存するため，軍用地料収入がある区でも

ある。

(7) 真栄田区として独立したが，字真栄田である。字真栄田には宇加地区，塩屋区，真栄田区の3つの区がある。

(8) 区民は，戦前からの住民が中心で区に登録している人である。真栄田区の住民でも区に登録していない人は区民ではない。新しく区民になるには，区に登録を申請して承認され，区費を負担し，区の活動に貢献することが求められる。

■参考文献

安仁屋政昭・堂前亮平，1982，「波照間島・石垣島・西表島の共同店と村落構造」『波照間調査報告書』沖縄国際大学南方研究所，67‐75。

共同売店ファンクラブHP　http://kyoudoubaiten.ti-da.net/c55509.html（最終アクセス2020年3月31日）

真栄田誌編集委員会，2017，『真栄田誌』恩納村真栄田区自治会。

真喜志敦，2009，「地域の暮らしを支える共同売店」『都市問題研究』2009年9月号，88‐94。

宮城能彦，2004，「共同売店から見えてくる沖縄村落の現在」『村落研究』11，日本村落研究学会年報。

――――，2007，『共同店ものがたり』（株）伽楽可楽。

――――，2009，『共同売店――ふるさとを守るための沖縄の知恵』沖縄大学地域研究所。

沖縄大学地域研究所編，2003，『戦後沖縄の共同店の変容』沖縄大学地域研究所所報第29号。

奥共同店100周年記念事業実行委員会編，2007，『奥共同店　創立100周年記念誌』奥共同店。

恩田守雄，2006，『互助社会論』世界思想社。

恩納共同組合編，1982，『設立20周年記念式典及び倉庫増築落成記念誌』恩納共同売店。

玉野井芳郎・金城一雄，1978，「共同体の経済組織に関する一考察――沖縄県国頭村奥区の「共同店」を事例として」『商経論集』7（1），沖縄国際大学商経学部，1‐24。

田村浩，1977，『琉球共産村落の研究』至信社。

山本素世，2013，「共同店と地域社会――恩納共同店を事例として」『軍用地と地域社会：沖縄県における軍事基地と軍用地料に関する地域社会学的実証研究』平成25年度‐平成27年度科学研究費補助金（基盤研究（B））研究成果中間報告書第1輯，55‐66。

─────，2015,「共同店と地域社会——2013〜2015年度調査報告」『軍用地と地域社会沖縄県における軍事基地と軍用地料に関する地域社会学的実証研究』平成25年度‐平成27年度科学研究費補助金（基盤研究（B））研究成果中間報告書第2輯，123‐140。

─────，2016,「持続可能な地域づくりと社会資本——沖縄県の共同店の取り組みを事例として」『地域創造』54，（公社）奈良まちづくりセンター，21‐32。

─────，2018,「地域の課題解決としての拠点づくり——先駆としての沖縄県における共同売店設置事例」『コミュニティ政策16』コミュニティ政策学会，110‐137。

─────，2020,「共同店と地域社会——今後の共同店研究に向けて」『地域創造』58，（公社）奈良まちづくりセンター，31‐36。

第9章
軍用地の中の「シマ」の記憶
—— 垣花人にとっての那覇軍港 ——

南 裕一郎

1　はじめに

　那覇市には,「人口0人」の町がいくつかあるが, 那覇港の南, 国場川河口
付近にある住吉町もそのひとつである。観月の名所として知られた住吉町は
戦前, 隣接する垣花町・山下町とともに「垣花」という半農半漁のシマ（集
落）を形成していた。太平洋戦争後, 垣花は山下町を除くほぼ全域が米軍に
接収され, そこに那覇軍港が建設された。戦争で家族や親戚を亡くし, 住む
場も奪われた垣花の人々は,「シマ」をよすがとして新たな地で生活を再開
した。誇り高き垣花人にとって, ワッターシマ（自分たちのシマ）が軍事
基地に変わってしまったことはこの上ない屈辱であったが, 終戦後の混乱と
窮乏の中では, 誰もが生きていくことだけで精一杯であった。そうした中,
毎年支払われるいくばくかの軍用地料は, 生活の糧としてありがたかった。
　本土復帰後, 沖縄はめざましい経済発展をとげ, 県民の社会生活も大きく
変わった。生活の豊かさの実感は沖縄の人々に精神的な余裕をもたらし, 垣
花においても, かつてのシマを「故郷」とみなして, 故郷たるシマへのアイ
デンティティが表明されるようになった。他方, かつての垣花を知らない戦
後生まれの世代は, 那覇軍港の跡地利用の中心的担い手となり, シマの記憶
を残し, 継承しようとしている。
　沖縄における「シマ」とは, 一義的には集落を意味するが, 他方で「シマ

図 9-1　戦前の垣花三町と戦後の那覇軍港の位置

意識」という言葉に象徴されるように，シマ成員間の強靭な紐帯や共属意識，そしてそれらを合理化・正統化せしめる種々の伝統的因襲は，前近代的シマ共同体の閉鎖的性格として，近代化によって解体ないし弱体化していくものとされる。ところが沖縄においては，集落としてのシマの多くが，近代化による解体よりも先に，戦争と軍事基地化によって破壊された。だが，集落としてのシマはなくなっても，シマの人々の絆まで喪われたわけではなく，人々は「シマ」をよりどころとして自らの生活を再建していった。

　また，シマの軍事基地化という経験は，人々の「シマ」への郷愁をかえって強烈に呼び起こし，それは例えば郷友会の結成や字誌の刊行，集落の復元などといった活動として表れている。そうした活動が可能となったのは，戦後のとくに本土復帰以降，人々が「生存」が保障されていると実感するようになり，経済的にも精神的にも余裕が出てきたからである。

　ロナルド・イングルハートによれば，人々の価値観と行動は，その生存がどの程度保障されているかによって形づくられる (Inglehart 2018 = 2019)。生

存が保障されていないという実感のある社会では，生存や安全といった生理的欲求を満たすための「生存重視の価値観」（survival values）が支配的となり，よそ者に対しては一致団結して「権威主義的反射行動」（authoritarian reflex）をとるようになる。他方，第二次世界大戦後の先進諸国では，生存の危機にさらされた時代が終焉したことで，社会の価値体系は，生存重視の価値観から「自己表現重視の価値観」（self-expression values）へと転換した。自己表現重視の価値観のもとでは，生存は「当たり前」のことであり，生存・安全欲求が満たされた人々は個人の自由な選択と自己表現への動機づけが高まる。また，人々は伝統主義や権威主義から解放され，民主主義的な制度を支持するようになる。

　長らく沖縄では，飢餓と疾病と暴力に苛まれる時代が続いた。そこでは「生き延びること」が最優先され，人々は「生存」を日常的に意識せざるをえなかった。この生存重視の価値観は少なくとも，戦後の米軍統治時代まで続いた。その後，日本復帰を果たした沖縄は，本土にやや遅れつつも，生存への安心感が保障された豊かな社会となった。社会の価値体系は自己表現重視の価値観へとシフトし，人々は生存以外の目標に高い優先順位を与えるようになった。また，生存を「当たり前」と感じて育った戦後生まれの世代が多数を占めるようになると，自己表現重視の価値観はより広範に支持されるようになる。この点，県人口の8割以上が戦後生まれとなった沖縄も例外ではない。

　本章では，イングルハートの所説をひとつの「導きの糸」として，戦後の沖縄社会における「シマ」について考察していく。社会の価値体系が生存重視から自己表現重視へと転換していく中で，人々は「シマ」とどのように関わってきたのだろうか。おそらくその関わりは，「シマ」をとりわけ強く意識せざるをえなかった人々，すなわち「シマ」が軍事基地として接収された地域の人々において，より先鋭的に見出しうるのではないかと思われる。本章ではそれを，いまは那覇軍港の中にある，垣花というシマを例にみていきたい。

2　戦前の垣花

　那覇市の旧垣花（那覇市住吉町・垣花町・山下町）は，国場川の南岸一帯
にあった集落である。17世紀初頭，この地出身の士族であった儀間真常は，
野国総管からサツマイモの栽培方法を教わってサツマイモを琉球各地に広め
た。真常はそれ以外にも，薩摩から木綿の種子を持ち帰って木綿布を広めた
り，シマの若者を中国に派遣して黒糖の製法を取り入れたりと，琉球農民の
食糧事情を大幅に改善させるのに貢献した。また，現在は山下町に移設され
ているが，住吉町の北端には住吉神社という神社があった。この神社は，薩
摩から帰郷した儀間真常が航海安全の守護神を祀るために造ったとされてい
る。後年真常は，「沖縄産業の恩人」と称されるようになった。

　国場川を挟んだすぐ北側に琉球王国の玄関口・那覇港があったため，冊封
船や進貢船が港を出入りするたびに垣花も賑わいをみせていた。国場川河口
には屋良座森城という砲台があり，那覇港側の三重城とともに那覇港を守備
していた。明治中期頃までは，那覇港との間には渡し船が往復しており，垣
花は首里・那覇と糸満・豊見城との間の商業・交易上の結節点となっていた。

　明治から大正にかけての拡張工事により，那覇港には大型船が接岸できる
桟橋が整備された。埠頭作業に従事していた村民も多かった。半農半漁のシ
マの男性の気性は荒っぽかったようであるが，釣り用エサの購入，石巻き釣
りと呼ばれる独自の漁法で用いるおもり石探し，市場での魚の販売など，船
上以外の仕事は，全部シマの女性が担当した（那覇市企画部市史編集室編 1979:
262）。ウミアッチャー（漁民）は住吉町に多かったが，貧しく自分の船を持
てない者も多かった。そこで，ユーレー（寄合，頼母子講）を起こして船を
造り，皆が船を所有できるようにした。こうした相互扶助的な人情の篤さも
垣花人の特徴であった。

　垣花から小禄村安次嶺の間には，糸満につながるガジャンビラと呼ばれる
坂道があった。中国からの冊封使は，この地を「筆架山」と記している。那
覇の民話では，「蚊の多い坂」＝ガジャンビラと呼ばれるようになったと伝え
られるが，正確な由来は不明である。ガジャンビラの坂の頂上から眼下に見

下ろす那覇・垣花の街並みは，数々の絵画や絵ハガキの題材にもなった。また住吉町には，1927（昭和2）年に建てられた沖縄地方気象台があり，高さ90メートルの2基の無線塔はひときわ目立っていた。屋良座森城周辺の海は遠浅だったので，天然の海水浴場としてシマの子どもたちに人気だった。

　琉球王国時代には小禄間切（まぎり）の一部だった垣花が那覇市に編入されたのは1903（明治36）年である。那覇近郊にあったこともあり，垣花には，農村社会的な側面と都市的な側面とが混在した集落が形成されていた。1939（昭和14）年時点での垣花の人口は，3町あわせて1万1450人を数えた。[1] 同年の旧那覇市（首里市・小禄村・真和志（まわしそん）村を除く）の人口が6万7000人ほどであったから，垣花3町だけで那覇全体のおよそ17％を占めていた。

　戦前の垣花の人々の生業は，男性は漁業のほか，荷馬車業，仲仕（荷下ろし），築港作業，サバニ造りなど，女性は農業，織物業，パナマ帽編みなど多彩であった。落平樋川（ウティングヒージャー）という井泉から湧き出る良質な水に恵まれていたこともあってか，酒造所も数軒あった。垣花にあった具志堅味噌醬油を経営していた具志堅家は，戦後，沖縄の"財界四天王"と呼ばれた具志堅宗精（オリオンビール創業者）を生み出した。

　那覇大綱挽きや那覇ハーリーには垣花も参加した。那覇市史の編集に関わっていた島袋全幸によれば，1921（大正10）年，那覇の市制移行祝賀行事として大綱挽きが復活した際に，垣花ではその旗頭の考案を，当時垣花に住んでいた全幸の兄で歴史家の島袋全発に依頼した。そして，全発デザインの垣花の旗頭（旗字「球陽」）を製作したのは，垣花出身の日本画家，金城安太郎であった（垣花尋常小（国民）学校同窓会記念誌編集委員会編 1986: 415）。金城安太郎はほかにも，ハーリーの建造を担当したり，垣花小学校卒業生の同窓会の装飾係として余興で使う大道具小道具の製作もやっていたりと，早くから才能を発揮していたようである。

　この時代，垣花の人々は貧しくも活気があり，それに何より平和だった。戦前戦後，多くの垣花出身者が各方面で活躍していたこともわかる。当時都市化が進んでいた那覇において，垣花は，まだ町とも村ともいえない発展途上にあったが，間違いなくその基層には「シマ」があった。またこうした「シマ」の生活文化は，垣花に限らず，当時の沖縄のそこかしこでみられる

ものであった。

3　戦時中の垣花

　米軍が沖縄本島に上陸する前年，1944年7月7日にサイパン島が陥落したのを受けて，政府および県は沖縄から本土・台湾への一般疎開を決定し，翌8月には旧国民学校の学童を対象に学童集団疎開が開始された。学童疎開では計6000人の学童や引率教員らが宮崎・熊本・大分の3県に分散疎開したが，疎開が始まって間もない8月22日，疎開船「対馬丸」が悪石島沖で米潜水艦の攻撃を受けて沈没し，学童784人を含む1482人が犠牲となった。⁽²⁾

　対馬丸には，宮崎県に疎開予定の垣花国民学校の生徒・引率者・家族も116人乗船していたが，そのうち生還できたのは10人だけであった（上原清2006: 144）。対馬丸沈没の事実が民衆に知れ渡れば疎開が滞るという理由から，遭難は「なかったこと」とされ，生存者には箝口令が敷かれた。ところが，対馬丸が遭難したという情報はすぐに垣花に広まり，当初200人以上の希望者があった11月の第2次学童疎開に乗船した垣花国民学校の生徒は，わずか11人の学童と一人の引率教員だけであった（垣花尋常小（国民）学校同窓会記念誌編集委員会編 1986: 486）。

　対馬丸事件の直後の10月10日，沖縄は「10・10空襲」での爆撃の標的となった。那覇で真っ先に狙われたのは小禄飛行場と那覇港であった。空襲により那覇市域の9割が焼失，垣花も住吉町の一部を残して全焼・壊滅した。この空襲により多くの銃砲弾が失われただけでなく，軍需用の食糧，被服，毛布，薬品なども焼失し，沖縄の日本軍はきわめて不自由な物資状況のまま，翌年の米軍上陸を迎えることとなった。一方，那覇市民は着のみ着のままただちに避難して，本島中南部の農村地帯あるいは北部の山岳地帯へと逃げた。空襲後は，そのまま避難先に定着した者も多かったが，那覇に戻ってきた市民は，住む家がないので一軒の家で寄り合って共同生活をした。

　1945年3月26日，米軍は慶良間諸島に，そして4月1日には沖縄本島に上陸し，同時に「ニミッツ布告」を発布して，日本帝国政府のすべての行政権を停止して米海軍軍政府の管轄下に置くことを宣言した。米軍部隊が首

里・那覇に南下してきたのは上陸から1か月ほどたった5月9日頃のことである。「皆さんは勝つ見込のない戦争をしたいのですか。戦争に負けて貧乏で暮らしたいのですか。此の戦争は皆さん方の戦争ですか，それとも皆さん方を何十年も治めてきた内地人の戦争と思いますか」などといった降伏勧告ビラが市中に撒かれた（那覇市企画部市史編集室編 1980）。

　迫りくる米軍部隊に対し，市民は本島南部へ次々に避難していった。そして，軍民ひしめき合う南部戦線では，のちに"鉄の暴風"といわれた熾烈な地上戦が繰り広げられ，米軍による殺戮・砲爆撃，飢餓，スパイ容疑による処刑，集団自決，住民虐殺など，住民を巻き込んで戦場は凄惨の極みに達した。

4　終戦後の垣花

　1945年6月23日，帝国陸軍第32軍の牛島満司令官らが自決し，9月7日の南西諸島部隊の降伏文書調印をもって沖縄戦は終結した。沖縄戦での死者は，兵士・民間人合わせて20万人にのぼった。終戦後，住民は本島内12地区の民間人収容所に送り込まれた。那覇では，1945年11月に壺屋区民の陶器製造産業先遣隊103人から帰郷が許可され，翌年4月に壺屋区は那覇市に昇格し，当間重剛が初代市長に任命された。その後，疎開者や復員者，外地引揚者も多数戻ってきたため，那覇の人口は短期間で急増した。彼らの多くは米軍施設等での軍作業に従事した。

　垣花は戦後，山下町を除く全域が米軍に接収され，「那覇軍港」が建設された。各地の収容所や疎開先から戻った垣花出身者は，垣花の地縁や血縁を頼って，具志川村につくられた「金武湾区」という軍作業員の居住地に移動し，港で米軍物資の荷役作業に従事した。人々はやがて来るはずの帰郷を夢見て，軍作業で口を糊しながら自らの生存を維持していった（謝花直美 2016: 38）。

　一方，基地接収を免れた山下町は，その町名が帝国陸軍大将の"マレーの虎"山下奉文を想起させると軍政府から注文がついたため，「ペリー区」という名称に変更させられた。その山下町＝ペリー区には，1947年5月に設置

された，捕虜日本兵に代わって那覇港での荷役作業を行う「那覇港湾作業隊」の居住地区としての「みなと村」(旧那覇市山下町，旧真和志村楚辺・松尾・壺川一帯) という行政区がつくられた。みなと村では旧那覇市民を優先的に受け入れたため，発足時人口のおよそ 75％が那覇出身者であった (鳥山淳 2013: 49)。みなと村の村長には，作業隊の総支配人となった国場幸太郎が就き，作業隊員にはキカクヤーと呼ばれた規格住宅が無償であてがわれた。住む処を失った垣花の人々もみなと村から軍作業に出た。軍港に変わり果てた垣花に人々は，「しょんぼりした。でも生きるために働いたんだ」[3]。垣花の人々にとっての生存手段としての軍作業，しかしそれは故郷を基地へと作り変えるための労働であった (謝花直美 2016: 38)。

　1950 年の時点でも，旧那覇市には，那覇軍港を含め 13 もの米軍施設があった (那覇市企画部文化振興課編 1987: 8)。垣花に帰郷不可能となった旧垣花の人々の多くは，山下町 (ペリー)，1950 年代に埋め立てで誕生した重民町 (現那覇市若狭)，真和志村安謝 (現那覇市安謝) へと分散移動して，新たな「シマ建て」を開始した。安謝の海岸一帯に移り住んだ住吉町の人々は，そこを「住吉区」と名づけて漁業を再開した。

　誰にとっても，またどのようなときでも，最初に頼れるのは家族や親戚である。だが，終戦後の混乱と窮乏の時代，家族だけではどうにもならなかった。それに多くの人が家族や親戚，友人を戦争で失っていた。住む場所も奪われて尾羽打ち枯らした垣花の人々にとって，「シマ」の絆は生活再建の貴重な資源であった。

　太平洋戦争での敗北に，沖縄の人々は失意落胆した。"異民族"アメリカの軍門に降ったことへの屈辱，沖縄を「捨て石」と見放した日本への不信，そしてその結果としての自分たちの窮乏ぶり。しかし彼らは決して挫けることなく，「イヂチリ，ハティティ」(腹に据えかねてけつをまくった) のであった (嶋袋全幸 1986: 121)。人々は持てる力を奮い起こし，自力での復興を目指すべく立ち上がった。

5 シマぐるみ闘争

　垣花町出身の平良勇太郎は，17年にわたる兵役ののち，1950年に沖縄に帰郷したときの心境を以下のように書いている。

> はやる心をおさえながら明治橋を渡り，垣花をめざして進んだが，そこは米軍基地の金網の中にとりかこまれて，私たちを育んだ垣花小学校の校舎はおろか，道も石垣も，岡も木も一切の建物も，すべてが地上からその姿を消していた。〔……〕海没地はもちろん，家屋敷，畑を接収された町民には，一銭の補償もなされていない，という現実の前で，垣花出身だけがなぜ，こうもきびしく敗戦の責を負わなければならないか。垣花人の将来は一体どうなるんだろうか。いつまでも，よその土地で軒を借りて，身を縮め，避難民の非運をかこつような生活を強いられるのだろうか。そんな絶望の淵からはいあがる思いで，軍用地補償獲得に垣花人の仲間と共に立ち上がらねば，と自分に言い聞かせるようになっていった。(垣花尋常小（国民）学校同窓会記念誌編集委員会編　1986: 109 - 110)

　平良はその後，土地連副会長，那覇軍用地等地主会会長となり，残りの人生の大半を軍用地主の「生存権」の保護に尽くすことになる。
　もとより米国政府から支払われる軍用地料は1坪で煙草ひと箱も買えぬといわれるほどに安く，地主たちは不満を持っていた。1956年6月に発表されたプライス調査団の報告書（プライス勧告）がまったくの期待外れの内容であったことから，沖縄住民の不満と怒りは頂点に達し，全琉あげての「島ぐるみ闘争」へと展開した。1956年6月20日に第1回の「四原則貫徹住民大会」が各市町村で開催され，参加者は全島で20万人に達した。7月28日には那覇高校グラウンドで「四原則貫徹県民大会」が開かれ，この日だけで15万人もの民衆が集結した。
　島ぐるみ闘争は日本本土でもマスコミを通じて注目され，各政党，各県の青協，日教組，大学の学生自治会などの団体からの激励に加え，本土在住の

沖縄出身者も支援活動を行った。本土の左翼分子が沖縄にやってきて共産主義を扇動することを恐れた米軍当局は，1958年7月30日に「一括払い方式を完全に放棄する」と声明を出して，軍用地問題のひとまずの決着を図った。これにより承認された「新土地政策」によって，軍用地料がそれまでの2倍に，米側が地料を支払うようになった1953年時点からは6.1倍にまで引き上げられた（琉球銀行調査部編 1984: 530）。

　もちろんこれで軍用地問題が決着したわけではないが，少なくとも軍用地料の引き上げは，軍用地主の生活安定につながった。軍事基地化は図らずも，地主たちをして「自分の土地」という意識を高めることにつながったといえる。しかしながら，そこで意識された「土地」とは，生活の場としての土地ではなく，生存手段としてのドルを吐き出す「軍用地」であった。見田宗介の表現を借りれば，無機質な基地と化した「第一の家郷」は，「第二の家郷」すなわち現在の移住先からみれば，もはや「ふるさとは遠きにありて想うもの」というよりも，困窮した日々の生活資金としての軍用地料を生み出す「土地」なのであった（見田宗介 1971: 11）。その中で爆発した島ぐるみ闘争は，生存の保障がなかった沖縄の人々の，“異民族”米軍に対する民族主義的な〈シマ〉ぐるみの団結行動であった。いずれにせよ〈シマ〉ぐるみ闘争は，曲がりなりにも一定の成果を収めることができた。

　生存が保障されているという実感を得るために一番手っ取り早かったのは，皮肉にも，沖縄の人々の生存を脅かした元凶たる米軍基地に関わる仕事に就くことだった。米軍の「恒久的基地建設」の方針のもと，基地労働者の数はピーク時の1952年で6万7000人に達した。1961年には全沖縄軍労働組合（全軍労）が結成され，基地労働者の労働環境は大幅に改善された。ベトナム戦争時にはコザや金武，辺野古などの米兵向け歓楽街がおおいに潤った。いずれも基地経済といういびつで不安定な基盤の上に成り立つものであったが，5年後，いや半年後の自分たちの生活ですら予想がつかない時代であった。人々は巧みに，ときにはしたたかに米軍の足元を掘り崩すという「やわらかな対応様式」（石原昌家 1995: 11）で，自らの生活を築いていった。

6　那覇軍港跡地利用

　1972 年 5 月 15 日。27 年間続いた米軍統治ののち，沖縄は日本に復帰した。県民の期待に反して，本土復帰によってもほとんどの米軍基地が残された。那覇軍港も「那覇港湾施設」に名称変更されただけで，返還されることはなかった。

　那覇軍港は，米海兵隊や海軍ではなく，陸軍が管理する施設である。現在（2019 年度）の施設面積は約 56 ヘクタール，地主数 1376 名，年間軍用地料は約 21 億円である。所有形態別でみると，国有地 37.6%，県有地 8.2%，市有地 2.7%，私有地 51.3% となっている。国有地の大半は軍港建設時に埋め立てられた土地である。地権者に支払われる軍用地料の単価は県内で最も高いが，およそ 7 割の地主の所有面積は 300 平方メートル（約 91 坪）以下と，総じて小規模である。

　1960〜70 年代のベトナム戦争時には，軍艦や原子力潜水艦などが那覇軍港を頻繁に利用した。また本土復帰時のドルから円への通貨交換の際に，現金 544 億 6000 万円を積んだ海上自衛隊の揚陸艦が到着したのも那覇軍港であった。復帰時の通貨交換レートは 1 ドル = 305 円で，住民が求めた 360 円とは程遠いものだった。

　1974 年の第 15 回日米安保協議委員会において，那覇軍港の条件つき全面返還が決まったが，当時はベトナム戦争中であったことなどから，米側が要求した代替移設先が決まらず，返還が実現しなかった。その後，那覇軍港の入港数は 1987 年の 96 隻，1988 年の 42 隻，湾岸戦争のあった 1991 年の 45 隻などを経て，2002 年の 35 隻を最後に公表されていない。公表されなくなったのは，那覇軍港が遊休化していることの証しであろう。

　1996 年 12 月の日米特別行動委員会（SACO）の最終報告において，那覇軍港が浦添埠頭地区への移設を条件に全面返還されることが明記された。2001 年 11 月，浦添市は那覇軍港の受け入れを正式に表明した。2013 年 4 月に日米安保協議委員会は，那覇軍港の返還時期を「2028 年度またはその後」と決定した。

SACO 最終報告以前から那覇軍港の跡地利用について議論を重ねていた那覇市や那覇軍用地等地主会は，ここにきて軍港返還がより現実味を帯びてきたことにより，跡地利用をスムースに進めるために，地権者間の合意形成活動に本格的に動き出した。2006 年に「那覇軍港地権者等合意形成活動全体計画」を策定し，「地権者や市民への適切な情報提供」「全員参加の仕組みづくり」「次世代の育成」「行政・地権者の協力体制づくり」を 4 本柱として，段階的に跡地利用計画を進めることを決定した。近年は，地権者等の勉強会やヒアリング，市民・県民フォーラムの開催，跡地利用や区画整理事業の先行事例地区の視察，地権者向け情報紙『がじゃんびら通信』の発行など，合意形成や意識醸成のための活動を行っている。

　また，2013 年に那覇市および地主会は，返還に先立って「日米共同使用」というかたちでの那覇軍港への MICE 施設誘致を求めた。検討委員会や県経済界からも那覇軍港が最適という声は多かったが，県は 2015 年 5 月，MICE 施設の建設地を与那原町・西原町の「マリンタウン東浜（あがりはま）」に決めた。日米共同使用に転用するめどが立っていない那覇軍港は，最終候補にも残らなかった。遊休化しているにもかかわらず，米軍専用施設であるがゆえに使えない。那覇軍港不採用は，米軍基地の存在が沖縄経済の発展を阻害しているという現実を物語っている。

　もっとも那覇軍港の返還は「2028 年度またはその後」となっているだけで，具体的な返還時期は明確ではなく，まだ跡地利用の具体的イメージを作成するという段階ではない。1000 名を超える個人地主の意見も実に様々である。合意形成の一環として十数年にわたり続けられている「勉強会」に参加した地権者の声を拾ってみると，初期に多かったのはやはり，「地権者は地代収入が生活の一部となっており，返還を望まない地権者もいる。これら地権者への対応はどうするのか」というものであった。

　他方で，地主会や若手世代のリーダーシップに期待する声は非常に大きい。勉強会参加者や地権者を対象としたアンケートでも，「地主会に任せます」「現在の会長さんのような人物がよいと思う」「地主会の若手組織代表がリーダーとなるべき」などの回答が目立つ。那覇軍用地等地主会会長の我那覇祥義氏は地主に対し，「先祖からの土地を売らずに貸す」よう呼びかけている。

若手世代の動向としては，地権者の子や孫の世代を中心に「那覇軍港のまちづくりを考える次世代の会」が 2013 年に結成され，定期的な会合や先進地区の視察などを行っている。

7　「故郷」の発見

　自分たちが住んでいた集落としてのシマは，戦争によって破壊され，いまは基地の中に消えてしまった。だが，垣花の人々がそうであったように，「シマ」の絆までもが喪われたわけではない。終戦後，シマ単位で行動した人もいれば散り散りになった人もいたが，やがて彼らは，かつてのシマを「故郷」とみなし，シマへの思いを馳せるようになった。

　以下に引用するのは，1986 年に刊行された『垣花尋常小（国民）学校同窓会記念誌　追憶』に寄せられた，ある同窓生の国民学校時代の「思い出」の結びの文章である。

　　往時の垣花，住吉，山下の町並，情緒が再びよみがえる事はまずありえ
　　ないが，幼い頃から成人するまで育まれた我が町の面影は，何時までも
　　脳裏に強く焼きついて忘れないものだ。不幸にも今次大戦で我が町の様
　　相は一変したが，永久に変わらないのは垣花人の固い絆である。(垣花尋
　常小（国民）学校同窓会記念誌編集委員会編 1986: 249)

「故郷」へのアイデンティティが表明され，「同郷」の絆が永久不変のものと訴えかけられている。この『追憶』ではほかにも多くの同窓生が，故郷垣花への思いをつづり，垣花人の絆のかたさを強調している。

　故郷というものは，あらかじめ存在しているものではなく，人が移動し，その移動先において，自分の生地やそれまでの居住地を振り返ることによって事後的に発見され，意識化されるものである（成田龍一 1998: 2）。個人の心情や感情，アイデンティティと結びついた故郷はまた，故郷についての集合的記憶を媒介として生み出された共同の心情やアイデンティティ，そして様々なメディアを通じて，「想像の共同体」に相似した故郷を作り出す。

「故郷」と思念された場所＝空間を，共通のものとして認識しておきたいという人々によってつくられるのが同郷会という組織である。同郷会は沖縄では「郷友会」と呼ばれることが多い。同郷会＝郷友会は，会報の発行や会合の開催を通じて，会員の故郷の意識を反復し，確定し，故郷を確かなものとしていく。同郷会＝郷友会による同郷性形成の核となっているのは，歴史（過去の時間を共有していること），風景（同じ風景＝空間を持っているという感覚），言葉（その地域の言葉で感情を表すことで「われわれ」の故郷を体現する）の３つである（成田龍一 2000: 19）。

　沖縄の郷友会は，国頭村出身者による北斗会や大宜味村出身者による大宜味一心会のように，戦前から組織されているものもあるが，大部分が戦後の1950年代後半以降に結成された。戦後初期の郷友会は相互扶助的側面が強かったが，本土復帰頃からは親睦団体としての性格を持つようになった。

　旧垣花でも，1975年に垣花奉頌会が，1986年には垣花親和会が設立された。いずれも山下町の那覇軍用地等地主会館内に事務所を置き，垣花奉頌会は垣花人が移住した若狭と安謝にも集会所を持っている。1982年に垣花奉頌会は，住吉神社を他の御嶽や拝所，ガー（井戸）とともに山下町に移転・合祀した。垣花親和会は，2020年中に『垣花誌』を刊行する予定だという。

　先に引用した『追憶』は，旧垣花国民学校（尋常小学校）同窓会によって編まれたもので，厳密には郷友会によるものではないのだが，いま一度引用しよう。以下は，旧垣花国民学校の元教員から寄せられた文章の一部である。

　　この〔垣花の〕歴史の真実をその儘，那覇港の海底に沈めてしまうのは，吾々として忍び難いことで，断腸の思いとはこんな気持をさして言うのでしょう。又，このことは，吾々沖縄の者ばかりでなく，広く日本全国の皆さんにも呼び掛けて，知らすべき事柄だと思います。その責任は吾々垣花の者達の双肩にかかっているような気がしてなりません。（田幸正英「旧垣花小学校同窓会の結成を祝う」，〔　〕は筆者）

　高揚した口調で，垣花の歴史を伝えることが呼びかけられている。成田龍一が指摘しているように，「よびかけ」は，同郷のアイデンティティ，同郷の

者というわれわれ意識を惹起し，呼びかけた者自身も，それによって故郷の
アイデンティティを確認するのである（成田龍一 1998: 56）。

　この記念誌がつくられた 1986 年は，敗戦から 41 年後，本土復帰して 14
年目にあたる。日本ではすでに高度成長が終わり，「物の豊かさより心の豊
かさ」がいわれ，一方ではバブル景気が始まったという時代である。沖縄経
済も復帰以前に比べれば大幅に伸長しており，何よりも，県民の社会生活そ
のものが大きく変わった。本土との所得格差が小さくないのは現在も変わら
ないが，米軍統治時代のような「生存」を脅かす状況ではまったくない。そ
れにウチナーンチュは戦後の混乱期においても，「シマ」の社会関係資本を
通じて生活上の困難を克服してきたことは，みてきたとおりである。

　もちろん，依然として沖縄には多くの米軍基地があるし，基地があること
によって様々な問題が発生しているのも事実である。その米軍基地の影響を
直接に受けているのは，ほかならぬ旧垣花の人々である。しかし，いやだか
らこそというべきかもしれないが，塗炭の苦しみを経験した旧垣花の人々に
とっては，戦後の沖縄の繁栄は，長く続いた生存の不安からの解放を何より
実感させてくれるものであった。そしてこの安心感は故郷・垣花への郷愁や
アイデンティティを呼び起こし，それを皆で分有したいという思いに結びつ
いたのである。

　もっともこれは，旧垣花に限ったことではないのだろう。本土復帰の前後
に，各地で郷友会が呱々の声をあげ，字誌等を刊行して「シマ」の歴史や記
憶を残そうとする動きがみられたのは，戦中戦後を生き抜いた世代が，「生
存」が保障されているという実感をようやく持つことができた結果である。
そして彼らは，「大きな物語」としての歴史から零れ落ちた「小さな物語」，
すなわちシマの歴史を記録し，表現することを通して，その歴史を分有すべ
き〈われわれ〉を創出しようとしているのである。

8　垣花の記憶の継承

　人口構造という点では，戦後生まれの世代が沖縄社会の多数を占めるよう
になった。国勢調査によれば，1980 年の時点で，1945 年以前に生まれた戦

前世代は38%，1946年以降に生まれた戦後世代は62%となっていた。そして2015年には，戦前世代は14%，戦後世代は85%となった。

　現在，那覇軍港の跡地利用において中心的に動いているのは，戦後生まれ世代による「那覇軍港のまちづくりを考える次世代の会」である。すでに述べたように，合意形成活動の初期段階から，地権者の間からは，若い世代がリーダーシップを担うことと，そのための人材育成の必要性が求められていた。そうした要請の中で誕生した「次世代の会」は，設立以来，月に1回の定例会を開催し，地主会の現役世代からの協力・連携を得て，引き続き地主会理事会とも意見交換を重ねつつ，同じく基地返還を間近に控える浦添市（キャンプ・キンザー）や宜野湾市（普天間飛行場）の若手地権者組織とも「意見交換会」を開催している。

　那覇軍港の跡地利用事業への本格的着手は，2028年度以降とされる全面返還，そしてその後の支障除去作業が完了してからとなる。生まれ変わった垣花の町を利用することになるのは地権者第2世代や第3世代であり，彼ら次世代が跡地利用のリーダーシップを担うことは理にかなっている。

　地権者次世代は，かつての垣花を直接経験しているわけではない。また第1世代のような，垣花への強い望郷の念（ノスタルジア）もなければ場所愛（トポフィリア）もない。土地収益はもちろん大切だが，目先の利益に走って跡地利用が不成功に終わりはしまいか——こうした懸念が第1世代にはある。現在進められている合意形成活動とは，地権者全体の合意形成であるとともに「世代間の合意形成」でもある。そして地権者次世代の人材育成とは，「故郷」意識の再生産をも意味しているのである。

　合意形成活動の成果については，那覇市（平和交流・男女参画課）から「報告書」が毎年刊行されている。その中でも，「地域の記憶を有する地権者とその子孫である若手地権者のキャッチボールを促し，若手地権者のアイデンティティづくりを促進する」（那覇市編 2011: 3）とあるように，「記憶の継承」は那覇軍港の跡地利用におけるテーマのひとつである。「次世代の会」では，「歴史資源と文化資源を活用したまちづくり」を構想している。かつての垣花にあった歴史資源（屋良座森城，明治橋，住吉森など）の復元もしくは再現，文化資源（旗頭，ハーリーなど）の再現展示や体験などを通じて，

琉球時代から垣花が担ってきたアジアにおけるヒト・モノ・情報の結節点としての役割を，現代的にアップデートしたかたちでまちづくりに取り入れるというものである。その中には，戦前（昭和初期）の垣花集落の姿を，模型やVRによって再現しようとする試みもある。[6]

　すでに垣花では1976年に住吉町・垣花町・山下町の「民俗地図」（又吉眞三・宮里雄太郎作成）が作成されており，住吉神社復興工事の際に垣花奉頌会が作成した報告書，軍港内施設整備に際して那覇市が実施した発掘調査の報告書もある。[7] これらに加えて，航空写真や古写真，戦前を知る古老の記憶，刊行予定の『垣花誌』などを頼りに，集落の再現を目指しているところである。

9　結　　語

　琉球処分以後の同化政策によって脱却されるべきものとされた沖縄の伝統的な「シマ」の民俗社会や文化は，戦後の米軍支配下においては逆に「シマ」が覚醒させられ，人々と「シマ」との関わりが維持されることとなった。生き延びることが何より重視されたこの時代，人々は「シマ」を頼りに生活をつないでいった。島ぐるみ闘争は，"異民族"アメリカから「シマ」を守るべく一致団結した抵抗運動であった。本土復帰以降，人々が豊かさを実感できるようになると，「シマ」の歴史や記憶をとどめ，継承していこうとする「自己表現」活動が各地で現れた。本章ではそれを，垣花を事例にみてきた。

　垣花の記憶は，戦前の垣花を直接経験していない他者，すなわち後続世代に共有されなければ，やがて垣花を語る者はいなくなり，垣花は歴史から忘却されてしまう。他者に記憶され語られない限り，垣花を生きた人々の存在も，そこで起こった出来事もなかったことにされてしまう。だから，垣花の記憶は語られなければならない。そうした思いが，次世代による「歴史資源・文化資源を活用したまちづくり」には込められている。復元という営みの背景には，故郷へのアイデンティティと，故郷の歴史を共有し継承することが必要だという歴史意識がある。人々の間に，記憶するという積極的な意思があってはじめて，復元されたものが集合的記憶を表象する「記憶の場」

として機能しうるのである。

　もちろん歴史とは固定的なものではなく，過去と現在との距離の中でたえず再構成されるものである。垣花が今後，いかなる歴史認識のもとで，いかなる語られ方がなされるかはわからない。それでも旧垣花の人々にとっては，やはり垣花は記憶され語られなければならない。たとえ帰去来は叶わなくても，垣花を生きた人々にとっては，それが「故郷に錦を飾る」ことを意味するからである。「次世代」は，そうした第 1 世代の思いを受け止め，自由かつ柔軟な発想やアイデアで，那覇軍港の跡地利用・まちづくりを成功に導くはずである。

(1)　那覇市企画部市史編集室編（1979）『那覇市史　資料篇第 2 巻中の 7』那覇市役所，37。

(2)　対馬丸記念館 HP（http://tsushimamaru.or.jp/）

(3)　『沖縄タイムス』2016 年 2 月 25 日連載「海まち垣花　失われた故郷（37）みなと村（1）戻った故郷　那覇軍港に」における我那覇生三さんの証言。

(4)　沖縄県知事公室基地対策課編『沖縄の米軍及び自衛隊基地（統計資料集）』令和 2 年 3 月。

(5)　『琉球新報』2013 年 4 月 13 日「「負担軽減」の内実　嘉手納より南の返還・統合」。

(6)　「将来のまちづくりの検討にあたり歴史文化は重要な要素であり，原風景に基づく検討ができるよう戦前の垣花集落を模型や VR 等で再現する」ために，「戦前の垣花集落の再現に向けた歴史資料」を収集することが報告された。（『がじゃんびら通信』第 22 号，2018 年 3 月 22 日発行）。

(7)　那覇市垣花奉頌会が 1982 年にまとめた『住吉神社並垣花各拝所合同神殿復興工事報告書』，那覇市教育委員会による発掘調査報告として，2009 年に出された『垣花村跡（那覇港湾施設管理棟整備工事に伴う緊急発掘調査報告）』，2011 年に出された『垣花村跡（那覇港湾内下水道工事に伴う緊急発掘調査報告）』（いずれも那覇市教育委員会文化財課編）がある。

■参考文献

Inglehart, Ronald F., 2018, *Cultural Evolution: People's Motivations are Changing, and Reshaping the World*, Cambridge University Press.（= 2019，山﨑聖子訳『文化

的進化論——人びとの価値観と行動が世界をつくりかえる』勁草書房）

石原昌家，1995，『戦後沖縄の社会史——軍作業・戦果・大密貿易の時代』ひるぎ社。

謝花直美，2016，「沖縄戦後「復興」の中の離散——垣花の人々と軍作業」『同時代史研究』9：33 - 49。

垣花尋常小（国民）学校同窓会記念誌編集委員会編，1986，『垣花尋常小（国民）学校同窓会記念誌　追憶』垣花尋常小（国民）学校同窓会。

見田宗介，1971，『現代日本の心情と論理』筑摩書房。

那覇市編，2011，『那覇軍港跡地利用計画意向醸成活動の評価と組織化検討調査報告書』。

那覇市企画部文化振興課編，1987，『那覇市史　資料篇第3巻1　戦後の都市建設』那覇市役所。

那覇市企画部市史編集室編，1979，『那覇市史　資料篇第2巻中の7』那覇市役所。

那覇市企画部市史編集室編，1980，『激動の記録　那覇百年のあゆみ——琉球処分から交通方法変更まで』那覇市役所。

成田龍一，1998，『「故郷」という物語——都市空間の歴史学』吉川弘文館。

————，2000，「都市空間と「故郷」」成田龍一・藤井淑禎・安井眞奈美・内田隆三・岩田重則『故郷の喪失と再生』青弓社，11 - 36。

琉球銀行調査部編，1984，『戦後沖縄経済史』琉球銀行。

嶋袋全幸，1986，『昔の那覇と私』若夏社。

鳥山淳，2013，『沖縄——基地社会の起源と相克 1945-1956』勁草書房。

上原清，2006，『対馬丸沈む——垣花国民学校四年上原清　地獄の海より生還す』対馬丸記念会。

あ と が き

　2013 年，八重山や与論などの沖縄離島調査に一定の成果（杉本久未子・藤井和佐編『変貌する沖縄離島社会――八重山にみる地域「自治」』ナカニシヤ出版，2012 年）をあげたわれわれ調査チームは，いよいよ沖縄調査の本丸ともいえる沖縄本島調査に着手した。まず，シリーズ「沖縄の地域自治組織」第 1 巻では，本書のフィールドである米軍基地所在市町村から着手することになった。そこでの主要キーワードは，軍事基地，軍用地，軍用地料，跡地利用であって，メンバー全員が手強くてデリケートな研究テーマにどことなく緊張していた。初めてのメンバーの中には，他のメンバーのインタビューに同行し，インタビューができるかどうか再確認する者までいた。そんな中，調査にご協力いただいた沖縄のみなさんの温かくて，誠実で，インタビューに対する協力的な応対には，われわれ共同研究者一同，感謝の言葉しかない。突然，大勢で押しかけた際に，インタビューをお引き受けいただいたみなさんには，さぞびっくりされたことだろうとお詫びを申し上げたい。おかげで今や全メンバーが，各自のしっかりとした研究目標とフィールドを持ち，こうして本を出版するところまで，こぎつけた。

　2013 年に沖縄本島調査を始めてから，すでに 7 年が経過してしまった。この間，メンバーの入れ替わりや，編者の海外長期出張，学内役職拝命など，出版への支障となることが次から次へと押し寄せた。7 年もの月日を要したことはすべて編者である私の責任である。ここにお詫びを申し上げたい。しかし，この間，研究チームのメンバーは，調査出張に出る 8 月と 3 月を除いて，7 年間毎月研究会を重ねてきた。年月がかかった分だけ，本書の内容は長期間のきめの細かい現地調査を反映することができて，充実したものになったと自負している。

　なお，本研究の調査は，以下の科学研究費の助成を受けた。

- 瀧本佳史 科研（B）「軍用地と地域社会：沖縄県における軍事基地と軍用地料に関する地域社会学的実証研究」2013〜2015 年度（25285161）
- 難波孝志 科研（C）「沖縄振興の計画と現実―返還跡地再開発をめぐる合意形成と公共性―」2013〜2015 年度（25380719）
- 平井順 科研（B）「沖縄県の自衛隊及び米軍所在自治体における地域アソシエーションの実証的社会集団研究」2016〜2018 年度（16H03706）
- 難波孝志 科研（C）「軍事基地跡地利用の日独比較研究―沖縄の補償型振興開発の計画と現実―」2016〜2019 年度（16K04124）
- 難波孝志 科研（B）「軍用地コンバージョンの国際比較：沖縄の基地移転と跡地再開発をめぐる地域社会研究」2019 年度〜（19H01581）

　今後の課題であるが，序章で示したとおり，自衛隊基地所在市町村や，沖縄の中心都市那覇市およびその都市圏，米軍基地が所在する北部の町村について，調査は継続中である。今後のシリーズに期待されたい。

　最後に，われわれの調査に快く対応していただいた，自治体担当者のみなさん，区長のみなさん，自治会長のみなさん，郷友会長のみなさん，財産管理会のみなさん，共同店のみなさん，軍用地主会のみなさんに，心より御礼を申し上げます。本研究の初期段階において，研究会をリードしていただいた元佛教大学社会学部教授の青木康容先生，瀧本佳史先生のお二人にも随分お世話になりました。ありがとうございました。また，ナカニシヤ出版の石崎さんにも適切な助言をいただき，感謝申し上げます。

　2020 年 6 月

難 波 孝 志

■執筆者紹介（執筆順，＊は編者）

＊難波孝志（なんば・たかし）
　関西大学大学院社会学研究科博士課程単位取得退学。都市社会学・地域社会学専攻。大阪経済大学教授。「沖縄軍用跡地利用とアソシエーション型郷友会──郷友会組織の理念と現実」（『社会学評論』67（4），2016年），「沖縄軍用跡地の過剰開発プロセスにおける自治体の役割」（『日本都市社会学会年報』33，2015年），*The Crisis of Democracy? : Chances, Risks and Challenges in Japan（Asia）and Germany（Europe）*〔共著〕（Cambridge Scholars Publishing, 2020），他。
　〔担当〕序章，第1章，あとがき

牧野芳子（まきの・よしこ）
　佛教大学大学院社会学研究科在籍。社会学専攻。
　〔担当〕第2章

杉本久未子（すぎもと・くみこ）
　同志社大学大学院文学研究科博士課程修了。環境社会学・地域社会学専攻。博士（社会学）。元大阪人間科学大学教授。『現代地方都市の構造再編と住民生活──広島県呉市と庄原市を事例として』〔共編著〕（ハーベスト社，2017年），『成熟地方都市の形成──丹波篠山にみる「地域力」』〔共編著〕（福村出版，2015年），『変貌する沖縄離島社会──八重山にみる地域「自治」』〔共編著〕（ナカニシヤ出版，2012年），他。
　〔担当〕第3章

藤谷忠昭（ふじたに・ただあき）
　東京都立大学大学院社会科学研究科博士課程修了。社会学専攻。博士（社会学）。相愛大学教授。「沖縄の地域社会と自衛隊」（『相愛大学研究論集』33，2017年），「市民社会におけるアカウンタビリティとその課題」（『相愛大学研究論集』27，2011年），『個人化する社会と行政の変容──情報，コミュニケーションによるガバナンスの展開』（東信堂，2009年），他。
　〔担当〕第4章

武田祐佳（たけだ・ゆか）
　奈良女子大学大学院人間文化研究科博士後期課程単位取得退学。同志社大学嘱託講師。地域社会学専攻。「子育て期女性のサポート・ネットワークと精神的健康──ライフステージ間の比較」（『同志社社会学研究』23，2019年），『成熟地方都市の形成──丹波篠山にみる「地域力」』〔共著〕（福村出版，2015年），他。
　〔担当〕第5章

平井順（ひらい・じゅん）
　同志社大学大学院文学研究科博士課程修了。社会学専攻。博士（社会学）。吉備国際大学准教授。『変貌する沖縄離島社会──八重山にみる地域「自治」』〔共著〕（2012年），『闘う地域社会──平成の大合併と小規模自治体』〔共著〕（2010年），『変動期社会の

地方自治——現状と変化，そして展望』〔共著〕（以上，ナカニシヤ出版，2006 年），他。
〔担当〕第 6 章

栄沢直子（えいざわ・なおこ）
　関西大学大学院社会学研究科博士課程単位取得退学。地域社会学専攻。関西大学非常勤講師。『変貌する沖縄離島社会——八重山にみる地域「自治」』〔共著〕（ナカニシヤ出版，2012 年），『闘う地域社会——平成の大合併と小規模自治体』〔共著〕（ナカニシヤ出版，2010 年），*Quality of Life and Working Life in Comparison*〔共著〕（Peter Lang，2009），他。
〔担当〕第 7 章

山本素世（やまもと・そよ）
　関西大学大学院社会学研究科博士課程単位取得退学。都市社会学・地域社会学専攻。同志社大学嘱託講師。「地域の課題解決としての拠点づくり——先駆としての沖縄県における共同店設置事例」『コミュニティ政策 16』（東信堂，2018 年），『成熟地方都市の形成　丹波篠山に見る「地域力」』〔共著〕（福村出版，2015 年），『変貌する沖縄離島社会——八重山にみる地域「自治」』〔共著〕（ナカニシヤ出版，2012 年），他。
〔担当〕第 8 章

南　裕一郎（みなみ・ゆういちろう）
　関西大学大学院社会学研究科博士課程修了。社会学専攻。博士（社会学）。法政大学沖縄文化研究所国内研究員。*The Crisis of Democracy? Chances, Risks and Challenges in Japan (Asia) and Germany (Europe)*〔共著〕（Cambridge Scholars Publishing，2020），『続・青春の変貌』〔共著〕（関西大学出版部，2015 年），*Quality of Life and Working Life in Comparison*〔共著〕（Peter Lang，2009），他。
〔担当〕第 9 章

シリーズ 沖縄の地域自治組織①〈北中部編〉

米軍基地と沖縄地域社会

2020 年 11 月 6 日　初版第 1 刷発行

編　者	難　波　孝　志	
発行者	中　西　　　良	

発行所　株式会社　ナカニシヤ出版

〒 606-8161　京都市左京区一乗寺木ノ本町 15
TEL　(075)723-0111
FAX　(075)723-0095
http://www.nakanishiya.co.jp/

© Takashi NAMBA 2020（代表）　　　印刷・製本／創栄図書印刷
＊落丁・乱丁本はお取り替え致します。
ISBN978-4-7795-1500-2　　Printed in Japan